ACCESO GRATIS _a la Lectura en la Nube_

Para visualizar el libro electrónico en la nube de lectura envíe junto a su nombre y apellidos una fotografía del código de barras situado en la contraportada del libro y otra del ticket de compra a la dirección:

ebooktirant@tirant.com

En un máximo de 72 horas laborables le enviaremos el código de acceso con sus instrucciones.

AF276009

La visualización del libro en **NUBE DE LECTURA** excluye los usos bibliotecarios y públicos que puedan poner el archivo electrónico a disposición de una comunidad de lectores. Se permite tan solo un uso individual y privado

A penique el poma
y otros versos

DE LA EDITORIAL TIRANT HUMANIDADES

MANUEL ASENSI PÉREZ
Catedrático de Teoría de la Literatura y de la Literatura Comparada
Universitat de València

RAMÓN COTARELO
Catedrático de Ciencia Política y de la Administración
de la Facultad de Ciencias Políticas y Sociología
de la Universidad Nacional de Educación a Distancia

M.ª TERESA ECHENIQUE ELIZONDO
Catedrática de Lengua Española
Universitat de València

JUAN MANUEL FERNÁNDEZ SORIA
Catedrático de Teoría e Historia de la Educación
Universitat de València

PABLO OÑATE RUBALCABA
Catedrático de Ciencia Política y de la Administración
Universitat de València

JOAN ROMERO
Catedrático de Geografía Humana
Universitat de València

JUAN JOSÉ TAMAYO
Director de la Cátedra de Teología y Ciencias de las Religiones
Universidad Carlos III de Madrid

Procedimiento de selección de originales, ver página web:
www.tirant.net/index.php/editorial/procedimiento-de-seleccion-de-originales

James Joyce

A penique el poma y otros versos

Edición, traducción, introducción
y notas de José Ruiz Mas

tirant humanidades

Valencia, 2024

Primera edición Shakespeare and Company, Paris, 1927

Agradecimientos a:
Departamento de Filologías Inglesa y Alemana, Universidad de Granada
Grupo de Investigación HUM 271 (Junta de Andalucía):
"Aproximación multidisciplinar al inglés", Universidad de Jaén

© James Joyce

© TIRANT HUMANIDADES
EDITA: TIRANT HUMANIDADES
C/ Artes Gráficas, 14 - 46010 - Valencia
TELFS.: 96/361 00 48 - 50
FAX: 96/369 41 51
Email: tlb@tirant.com
www.tirant.com
Libreria virtual: www.tirant.es
DEPÓSITO LEGAL: V-1161-2024
ISBN: 978-84-1183-304-2
MAQUETA: Innovatext

A Carmelo Medina Casado

Índice

Introducción

Pomes Penyeach | A penique el poma es una breve colección formada por trece poemas (o "pomas") que publicó el escritor británico-irlandés James Joyce (1882-1941) en 1927, cuando contaba con cuarenta y cinco años de edad. Se imprimieron cinco mil ejemplares, siendo su precio de venta un chelín, indicado en la contraportada, o doce francos franceses. También se publicaron trece ejemplares más (cifra coincidente con el número de "pomas"), numerados, en edición de lujo, mas no destinados a la venta.[1] Los trece "pomas" de la compilación son los siguientes, con indicación del lugar y año de creación: "Tilly" (Dublín, 1904), "Watching the Needleboats at San Sabba" (Trieste, 1912), "A Flower Given to my Daughter" (Trieste, 1913), "She Weeps over Rahoon" (Trieste, 1913), "Tutto è Sciolto" (Trieste, 1914), "On the Beach at Fontana" (Trieste, 1914), "Simples" (Trieste, 1914), "Flood" (Trieste, 1915), "Nightpiece" (Trieste, 1915), "Alone" (Zúrich, 1916), "A Memory of the Players in a Mirror at Midnight" (Zúrich, 1917), "Bahnhofstrasse" (Zúrich, 1918) y "A Prayer" (París, 1924).

Tal y como señalaron Groden (1978) y Natali (2006), toda la documentación que hay a disposición del investigador sobre *Pomes Penyeach*, que incluye manuscritos y transcripciones mecanográficas, se encuentra fundamentalmente en las siguientes colecciones:

1. Joyce también publicó en 1932 veinticinco ejemplares de *Pomes Penyeach* con las letras iniciales de cada uno de los poemas de la colección ornamentadas artísticamente por su hija, Lucia, en lo que el poeta vino a llamar "Lucia's book".

— "Cornell 54", que reúne los conocidos como "Triestine poems". Son ocho poemas que Joyce compuso en Trieste entre 1915 y 1916.

— "Buffalo IV", que contiene el llamado "Zurich Notebook", el cual presenta un borrador de una primera secuenciación de los poemas que luego conformarían *Pomes Penyeach*. Están fechados entre 1916 y 1919.

— La colección "Huntington, Slocum and Cahoon E.6.b.", que incluye manuscritos y trascripciones mecanografiadas posteriores, que se podrían fechar aproximadamente en 1927.

— Otros folios sueltos que se conservan en Texas (Universidad de Yale) y en la Biblioteca Británica de Londres.

A los trece "pomas" originales de *Pomes Penyeach* se les han venido añadiendo en las posteriores ediciones del libro tres poemas más, aunque no siempre. Tales poemas son "Ecce Puer", publicado originalmente en *New Republic* (Nueva York, 1932), también recogido en *Collected Poems* (1936),[2] de ochocientos ejemplares numerados; "The Holy Office", originalmente publicado en Dublín en una hoja suelta en 1904-05 e incluido posteriormente en *The Critical Writings of James Joyce* (1959),[3] editado por Ellsworth Mason y Richard Ellmann; y "Gas from a Burner", originalmente publicado en Trieste en 1912, incluido también en *The Critical Writings of James Joyce*. Asimismo, aparecieron "The Holy Office", la totalidad de *Chamber Music*, "Gas from a Burner", todo *Pomes Penyeach* y "Ecce Puer", es decir, toda su poesía publicada, en *The Portable James Joyce* (1947, rev. 1976),[4] edición de Harry Levin; en *Joyce: Poems and a Play* (2014),[5] y en *Chamber Music and Other Poems* (2017),[6] edición de Sam Slote.

2.   New York: The Black Sun Press, 1936.
3.   London: Faber & Faber, 1959; New York: Viking Press, 1959.
4.   New York: Viking Press, 1947; Harmondsworth: Penguin, 1976.
5.   London: Everyman's Library, 2014.
6.   London: Alma Classics, 2017.

Durante una época de su vida que llega hasta finales de la década de los veinte del siglo pasado, Joyce llegó a tener ínfulas de poeta. Veinte años antes de que *Pomes Penyeach* viera la luz, Joyce ya había publicado un libro de poemas, *Chamber Music* (1907), en el que demostraba su afición y compromiso con la música, sobre todo el canto y la ópera. En su concepción de la poesía, Joyce estuvo influido por la obra teatral de Shakespeare, por Dante y sus poemas amorosos dedicados a Beatriz, por las colecciones isabelinas y jacobinas de poesía inglesa de los siglos XVI y XVII, siendo los poetas y dramaturgos Thomas Nashe (1567-c.1601) y Ben Jonson (1572-1637) por los que mostró especial predilección, así como por el "Cantar de los Cantares" bíblico (Álvarez Amorós 1992). Pero, aparte de sus dos colecciones de poesía y alguna publicación de poemas sueltos, la obra literaria de Joyce es eminentemente prosística, con alguna incursión en el teatro, no especialmente afortunada, como es *Exiles* (1918).

Aparte de las obras prosísticas de todos conocidas (*Dubliners, A Portrait of an Artist as a Young Man, Ulysses, Finnegans Wake, Stephen Hero, Giacomo Joyce*), todas ellas pertenecientes al género de la novela o del relato breve, no exentas de una generosísima dosis de autobiografía, Joyce practicó también el género periodístico (en lenguas italiana e inglesa) en los inicios de su trayectoria literaria, siendo publicados varios de sus artículos en *Il Piccolo de la Sera*, diario de Trieste (a la sazón ciudad perteneciente al imperio austro-húngaro), y en otros rotativos irlandeses y británicos tales como *Fortnightly Review, Irish Times, Daily Express*, etc. (Reppke 2008, 459). En efecto, un joven Joyce escribió algunos ensayos de literatura y de crítica, alguna entrevista y algunas recensiones de libros (Berry 2000). A título privado, fue un entregado practicante del género epistolar, pues se conservan de él unas mil quinientas cartas dirigidas a su pareja (y luego esposa) Nora Barnacle (1884-1951), a familiares, a amigos y a agentes literarios.

La obra poética de Joyce no es lo más destacado de su producción literaria, aunque no puede negarse que es un poeta que reta al lector (y al traductor) con su orfebrería léxica, sintáctica y metafórica, caracterizada además por sus abundantes epifanías. Joyce debió de sentirse dubitativo sobre la calidad literaria de los poemas que tenía previstos incluir en *Pomes Penyeach* y en 1926 les envió el manuscrito a dos conocidos poetas para pedirles consejo. Uno de ellos fue el poeta modernista estadounidense Ezra Pound (1885-1972), su mentor durante mucho tiempo. Este no parece haber visto la viabilidad comercial o el valor literario de los treces poemas que Joyce le dio a leer y se pronunció sobre ellos de forma abiertamente crítica: "They belong in the Bible or in the family album with the portraits" (cit. en Joyce, *Letters* 1966, 155).[7] Curiosamente, algunos de estos poemas ya se habían publicado en la revista *Poetry*, precisamente por recomendación del propio Pound. Por el contrario, la respuesta que Joyce recibió de su otro contacto, el premiado poeta modernista, abogado, periodista y bibliotecario estadounidense Archibald MacLeish (1892-1982), sí le fue mucho más benévola. Ante el entusiasmo mostrado por MacLeish, Joyce se lanzó a la publicación de la colección de poemas, que vió la luz como *Pomes Penyeach* en la primera semana de julio de 1927 en la editorial Shakespeare & Company, sita en París, propiedad de su amiga y admiradora estadounidense Sylvia Beach (1887-1962). Era un libro delgado, impreso por Herbert Clarke (338 rue Saint-Honoré, París) en tamaño de duodécimo (11'9 x 9'3 cm; 12'7 x 13'2 cm en la edición de lujo).[8] La obrita tenía una portada de color verde claro o pálido, que era el tono característico de las manzanas tipo "Irish Calville" de las que al parecer el escritor tanto gustaba. Fue reseñada en al menos ocho revistas o periódicos, ordenadas aquí por antigüedad de fecha de publicación:[9]

7.   Tr. Son más propios de Biblia o de álbum familiar con sus retratos
8.   La primera edición de 1927 iba acompañada de un pequeño cuadrado de papel pegado en el interior del libro en el que se hacían constar las siguientes erratas: en el poema "Flood", donde dice "in thine" debería decir "is thine"; en "Nightpiece", donde dice "bleak insense" debería decir "bleak incense", y en "A Prayer" donde dice "O spare me" debería decir "O spare me!". Tales rectificaciones han sido tenidas en cuenta para la traducción de los "pomas".
9.   Datos obtenidos en <https://norman.hrc.utexas.edu/jamesjoycechecklist/ browse_results.cfm?review=254687> [Consulta 21/8/2023.]

— Slocombe, George. 1927. "On the Left Bank" [Review of Joyce, James, *Pomes Penyeach*], *Daily Herald*, 14 Jul, p. 4.

— Anon. 1927. "*Pomes Penyeach*", *Hound & Horn*, 1, Sep, p. 61.

— Anon. 1927. [Review of Joyce, James, *Pomes Penyeach*], *Nation*, 125, 3249, 12 Oct, p. 403.

— Brion, Marcel. 1927. "L'actualité littéraire à l'étranger: James Joyce, remancier et poète" [Review of Joyce, James, *Pomes Penyeach*], *Les Nouvelles littéraires*, 6, 261, 15 Oct, p. 27.

— Clutton-Brock, Alan Francis. 1927. [Review of Joyce, James, *Pomes Penyeach*], *Times Literary Supplement*, 1345, 10 Nov, p. 814.

— W. E. 1927. "New Poems by Joyce" [Review of Joyce, James, *Pomes Penyeach*], *New Republic* 52, 673, 26 Oct, p. 268.

— Colum, Padraic. 1928. [Review of Joyce, James, *Pomes Penyeach*], *Dublin Magazine* 3, iii, Jul-Sep, p. 68.

— French, Yvonne. 1933. "Poetry" [Review of Joyce, James, *Pomes Penyeach*], *London Mercury* 28, 163, May, pp. 69-71.

Es posible que *Pomes Penyeach* no sea lo mejor de lo escrito por Joyce; no es comparable al resto de su obra literaria. De hecho, esta colección de "pomas" se considera por muchos como obra de "otro Joyce", del "Joyce menor" (Natali 2008, 7), pero no carece de interés para entender la evolución del escritor hacia sus posteriores obras cumbre. Se perciben en los "pomas" expresiones, vocabulario, situaciones, epifanías y versos que ya aparecieron con anterioridad en sus epistolarios, en *Dubliners* (1914), *Stephen Hero* (publicado póstumamente en 1944), *A Portrait of the Artist as a Young Man* (1916), *Ulysses* (1922), y posteriormente también en *Finnegans Wake* (1939). Joyce escribía sus "pomas" mientras elaboraba las mencionadas obras de prosa/ficción. Durante años no dejó el poeta de releer y retocar los textos que conformarían posteriormente los conocidos "pomas" para convertirlos en objeto de un cierto oscurantismo y ambigüedad intencionada, efecto que fue consiguiendo gradualmente mediante el cambio continuo de artículos y pronombres en algunos de ellos.

El título que Joyce dio a su nueva colección merece una especial atención. Esta breve compilación de "pomas" pretendía ser la representación simbólica de una cesta de doce manzanas a la venta por un chelín, es decir, por doce peniques, a un penique cada pieza, "an apple a penny", en un supuesto mercado de abastos dublinés. Según Lennartz (2010, 198), Joyce adoptaba para sí el papel de vendedor malicioso que provee a sus clientes-lectores trece miradas desilusionadas del espíritu de la desolación que aportó el Modernismo al siglo XX. Por otro lado, "apple" en francés —en París se encontraba residiendo Joyce a la sazón y francesa era la editorial— es "pomme". "Pomme" suena en francés igual a "poem" en inglés tal y como lo pronunciaría un irlandés: /pɔːm/. Ergo, para el Joyce modernista, manzana = poema. De ahí el título de la colección: "Pommes a penny each", es decir, "manzanas a un penique cada una". Sin embargo, Joyce ha optado por escribir "pomes" en vez de "poems" para referirse a estos. El término "pomes" combina "pommes" (manzanas) con "poems" (poemas), resultando a la postre el sugerente título de *Pomes Penyeach* definitivo que todos conocemos.

Natali (2001-02: 81) añade un dato interesante sobre el título de la obra. Observa que, tal y como se refleja en el "Buffalo notebook" (VI.B.18), Joyce se planteó dos opciones: "Pomes Pennyeach" (nótese la doble "n") y "Pomes Penyeach" (una sola "n"). Se decantó por la segunda para así añadir al título un juego de palabras formado entre "pen" (pluma de escribir) y "penny" (penique), es decir, con el fin de experimentar con el lenguaje y aumentar la capacidad de connotaciones del título elegido: tanto "manzanas/poemas a penique" como "manzanas/poemas a pluma (escritos) a penique". Este deseo de probar nuevos matices y sentidos se cristaliza también en la creación de neologismos propios para varios de sus "pomes". Es el caso de los adjetivos "rosefrail" (frágil cual rosa), "moongrey" (gris lunar), "sindark" (oscuro cual pecado), "starknell" (repique de estrella), "voidward" (tendente al vacío), "loveward" (amoroso), "greygolden" (dorado grisáceo), "slimesilvered" (plateado cual lodo), "loveblown" (henchido de amor) o "blueveined" (sangriazulado).

Partridge (1961) definía "pome" como un solecismo de "poem" y citaba como precedente al uso de este término la decimonónica compilación de poemas humorísticos (o "pomes") que realizara Doss Chiderdoss (pseud. del clérigo Anthony Robert Marshall, 1844-1933) en *Pomes from the Pink'Un* (1897). En ella se recogían los poemas ("pomes") que semanalmente había venido publicando Chiderdoss en la revista *Sporting Times* (popularmente conocida como "Pink'Un" por su portada rosa) entre 1886 y 1896. Los "pomes" de Chiderdoss trataban casi todos sobre aspectos de la vida diaria de las clases sociales medias y humildes de los últimos años del Londres victoriano desde una perspectiva desenfadada y humorística y con generosa presencia del "rhyming slang" o jerga rimada que caracteriza a la variante dialectal popular "cockney" hablada en muchos barrios de la capital. Partridge pone los "pomas" de Chiderdoss como ejemplos de una primera ocasión en que se tiene constancia fehaciente del uso literario del peculiar término.

Por otro lado, Petroski (1974, 1021) aseguraba que, probablemente por influencia de la obra de Joyce, el poeta galés Dylan Thomas (1914-53) también empleó la palabra "pome", si bien solo lo hizo en una ocasión, en su poema "Promise to the Architects", incluido en la edición de su obra poética *The Poems of Dylan Thomas* que preparara su amigo Daniel Jones en 1971. Añade Petroski (1021) que, al contrario que Joyce, que salvo en el título de su conocido poemario no se dignó usar tal vocablo nunca más, Thomas sí lo utilizó en una ocasión. Añade Jones (1971) que "pome" es de hecho una versión cómica del término "poem" que Thomas y sus amigos usaban a veces con fines satíricos, pero también a veces (las más) en tono afectivo.

Joyce introdujo en *Pomes Penyeach* trece poemas, no doce, pues, siguiendo la costumbre popular de los mercados de Dublín, añadió a la docena una pieza más como demostración ante el comprador (aquí lector) de la generosidad del vendedor (aquí autor). A la dadivosa "docena" de trece bollitos de pan (y no doce) se le conoce en inglés como "a baker's dozen" (la docena del panadero). Es una antigua práctica ideada por los panaderos medievales ingleses para contrarrestar las posibles acusaciones de aquellos clientes que aseguraban recibir menos peso del estipulado por la ley. Esta expresión se remonta al reinado de Enrique III (siglo XIII). Tal y como establecían los estatutos de los panaderos y cerveceros de la época, estatutos estos conocidos como "Assisa panis et cervisiae" (que formaban parte del reglamento ético del "Worshipful Company of Bakers", es decir, del "honorable gremio de panaderos"),[10] cualquier comerciante que diera a sus clientes cantidades inferiores a las medidas legales o añadiera arena en sustitución de harina sería severamente castigado y perdería una mano. En el Dublín de Joyce esta pieza de regalo que se le daba al cliente para evitar posibles quejas y denuncias se conocía con el término local de "tilly", anglicanización del término irlandés "tuilleadh" (medida adicional) (Jaffares and Kennelly 1992). La expresión "a baker's dozen" se suele traducir en castellano por la "docena del fraile" (Martínez de Sousa 1998),[11] o incluso por "docena larga".

Los trece "pomas" de *Pomes Penyeach* aparecen distribuidos por orden cronológico de creación. Fueron todos escritos durante un periodo de veinte años de la vida de Joyce, entre 1904 y 1924, cubriendo así cuatro periodos clave de su existencia creativa: Dublín (1904), Trieste (1912-15), Zúrich (1916-18) y París (1924). Cada uno de los "pomas" conmemoran o hacen alusión velada a un episodio biográfico importante del escritor.

<hr>

10. Esta ley fue enmendada por las Leyes del Pan ("Bread Acts") de 1822 y 1836, que estipulaban que las barras de pan debían venderse en libras ("pounds") o en múltiplos de la libra. Esta ley sería derogada por el parlamento en 1863.
11. Según José Martínez de Sousa en su artículo "La docena del fraile" (1998), cierto fraile mendicante entró en una huevería para comprar una docena de huevos y los pidió de la siguiente manera: media docena para el prior, un tercio de la docena para el guardián del monasterio y para él mismo, por tener voto de pobreza, un cuarto de docena, es decir, 6+4+3 = 13.

En algunos casos tales "pomas" son en realidad descripciones en breves pinceladas de algunas de sus frecuentes epifanías o revelaciones.

A pesar de ser un libro de poesía que no ha recibido gran atención crítica, sobre todo si se compara con las restantes obras de Joyce, *Pomes Pennyeach* ha sido traducido a numerosas lenguas: italiano, francés, alemán, etc. Al castellano lo ha sido en varias ocasiones, siempre en ediciones bilingües en las que coexisten los "pomas" traducidos con su versión original en inglés al lado. La primera traducción de *Pomes Penyeach* a nuestro idioma fue la de José María Martín Triana (Cuba, 1937-),[12] titulada *Poemas manzanas* (1970).[13] A esta le siguió la de Lilia Barbachano (México), que se inclinó por traducir el título como *Manzanas a un penique* (1981).[14] En España fue traducida poco después por José Antonio Álvarez Amorós bajo el título de *Pomas a penique* (1983).[15] El peruano Carlos Eduardo Zavaleta (1928-2011) dejó sin traducir al castellano el título de la obra (1986).[16] Sin embargo tradujo la colección en su totalidad. La última traducción al castellano publicada de la que tengo noticia es la del venezolano Javier Jiménez Emán, que vio la luz en *Poesía*, revista literaria de la Universidad de Carabobo, en abril de 2022,[17] con el título *Pomelos a penique.*

12. Lázaro (2001-2002) narra las vicisitudes de los poemas "Gas from a Burner" y "The Holy Office", insertos en la edición de *Poemas manzanas* de 1970, en el mercado español, incidiendo sobre todo en la censura que sufrieron sus traducciones al español durante los últimos años del franquismo.
13. Madrid: Alberto Corazón, 1970.
14. México DF: Premia Editora, 1981. Fue reeditada en México DF: Ediciones Coyoacán, 1999.
15. Alicante: Instituto de Estudios Alicantinos, 1983. Fue reeditada años más tarde en Madrid: Visor, 1987 y 2007.
16. Lima: Instituto Nacional de Cultura, 1986. Un servidor ya publicó en su día un análisis crítico de Zavaleta como traductor titulado "Carlos Eduardo Zavaleta y la traducción peruana de *Pomes Penyeach*" (2010).
17. <https://poesia.uc.edu.ve/pomes-penyeach/> [Consulta 20/8/2023.]

Cada uno de los traductores hispanohablantes citados ha dado a los "pomas" (y a los tres poemas añadidos) los siguientes títulos en castellano:

- **"Tilly"**: "Tilly" / "Tilly" / "De propina" / "Tilly" / "Tilly"

- **"Watching the Needleboats at San Sabba"**: "Mirando las embarcaciones en San Sarba" (sic) / "Mirando las embarcaciones en San Sabba" / "Contemplando las canoas en San Sabba" / "Mirando los barcos en San Saba" (sic) / "Mirando los barcos en San Sabria" (sic)

- **"A Flower Given to my Daughter"**: "Una flor dada a mi hija" / "Una flor dada a mi hija" / "Una flor donada a mi hija" / "Una flor para mi hija" / "Una flor para mi hija"

- **"She Weeps over Rahoon"**: "Ella llora sobre Rahoon" / "Ella llora en Rahoon" / "Ella llora sobre Rahoon" / "Ella llora sobre Rahoon" / "Ella llora sobre Rahoon"

- **"Tutto è Sciolto"**: "Tutto e (sic) sciolto" / "Tutto è Sciolto" / "Tutto è Sciolto" / "Tutto è Sciolto" / "Tutto è Sciolto"

- **"On the Beach at Fontana"**: "En la playa de Fontana" / "En la playa de Fontana" / "En la playa de Fontana" / "En la playa de Fontana" / "En la playa de Fontana"

- **"Simples"**: "Hojas" / "Hojas" / "Hierbas" / "Hojas" / "Hojas"

- **"Flood"**: "Riada" / "Pleamar" / "Riada" / "Riada" / "Torrente"

- **"Nightpiece"**: "Nocturno" / "Pieza nocturna" / "Nocturno" / "Nocturno" / "Nocturno"

- **"Alone"**: "Solo" / "Solo" / "Señero" / "Solo" / "Solo"

- **"A Memory of the Players in a Mirror at Midnight"**: "Recuerdo de quienes a la medianoche se hablan ante el espejo" / "Un recuerdo de los jugadores dentro de un espejo a medianoche" / "Recuerdo de los comediantes en un espejo a medianoche" / "Recuerdo de los actores en un espejo a medianoche" / "Memoria de quienes hablan frente a los espejos a la medianoche"

- **"Bahnhofstrasse"**: "Bahnhofstrasse" / "Bahnhofstrasse" / "Bahnhofstrasse" / "Bahnhofstrasse" / "Bahnhofstrasse"

- **"A Prayer"**: "Oración" / "Oración" / "Oración" / "Una oración" / "Una oración"

- **"Ecce Puer"**: "Ecce Puer" / "Ecce Puer" / "Ecce Puer" / "Ecce Puer" / "Ecce Puer"

- **"The Holy Office"**: "El santo oficio" / "El Santo Oficio" / "El Santo Oficio" / ------- / -------

- **"Gas from a Burner"**: "Gas de un mechero" / "Gas de un mechero" / "Gas de un quemador" / ------- / -------

Mi propuesta de traducción del título es la siguiente, *A penique el poma*, y los títulos de los "pomas" y de los poemas añadidos que aquí propongo son los siguientes:

- **"Tilly"**: "Mandaico"

- **"Watching the Needleboats at San Sabba"**: "Contemplando las piraguas en San Sabba"

- **"A Flower Given to my Daughter"**: "Una flor que recibió mi hija"

- **"She Weeps over Rahoon"**: "Lágrimas de mujer sobre Rahoon"

- **"Tutto è Sciolto"**: "Tutto è Sciolto"

- **"On the Beach at Fontana"**: "En la playa de Fontana"

- **"Simples"**: "Simplezas"

- **"Flood"**: "Riada"

- **"Nightpiece"**: "Nocturno"

- **"Alone"**: "Soledad"

- **"A Memory of the Players in a Mirror at Midnight"**: "Recuerdo de los comediantes en un espejo a medianoche"
- **"Bahnhofstrasse"**: "Bahnhofstrasse"
- **"A Prayer"**: "Oración"
- **"Ecce Puer"**: "Ecce Puer"
- **"The Holy Office"**: "El Santo Oficio"
- **"Gas from a Burner"**: "Gas de un quemador"

Pomes Penyeach presenta unas determinadas características que conviene aquí resaltar. Para Lennartz (2010, 198), la colección de "pomas" constituye una cristalización fehaciente del dolor que aporta el Modernismo ("The Ache of Modernism") al nuevo siglo XX. Weel y Hisgen (1996, 165) ven en la colección de "pomas" un manojo variado de emociones personales, un relato épico de la vida emocional de Joyce. Natali (2010, 100) explica los que considera son los rasgos determinantes de la colección. Para esta, la mayor parte de los textos describen recuerdos de hechos vividos tanto por el poeta como por alguna persona cercana a él o sensaciones experimentadas por él en el pasado que se actualizan y se convierten en epifanías o en nuevas recreaciones en forma de poemas gracias a su proceso mental personal e intransferible y de su "consciousness" (o capacidad de toma de conciencia). Cada "poma" procede de un dato o de una sensación o de una experiencia percibida o vivida en un momento concreto de la vida personal o espiritual de Joyce. El "poma" resultante es fruto de la actualización al presente de ese dato o esa sensación o experiencia primigenia. El poeta ha convertido antiguas percepciones personales del mundo exterior en percepciones internas procesadas en su mente y que ven ahora la luz, en el presente, en el momento de escribir el "poma", gracias a su profunda capacidad para interconectar el mundo que le rodea con su mundo interior. Para esta elaboración de procesos mentales convertidos en "epifanías" resulta necesaria la combinación de dos conceptos que son claves para Joyce: su poderosa memoria, gracias a la cual ha sido capaz de almacenar datos objetivos y sensaciones subjetivas en su cerebro y la concienciación del transcurso ineludible del tiempo, pues tales datos y sensaciones han sido traídos por la mente del poeta desde el pasado al presente y pueden incluso proyectarse hacia el futuro. El elemento temporal es tan relevante en esta compilación de "pomas" que Joyce se ha preocupado de ordenarlos cronológicamente, desde 1904 a 1924.

Lennartz (2010, 198) percibe en el "pomario" tres grandes temas: la perpetua amenaza de la muerte, la juventud abocada a la vejez y a la muerte y la pérdida de la fe. Para Natali (2010, 100), los temas prominentes son el pasado convertido en presente y/o futuro (es decir, la simultaneidad del presente, pasado y futuro) gracias a la memoria, instrumento necesario para convertir un instante del pasado en valor del presente, y el paso inexorable del tiempo y sus cambios, casi siempre para peor, pues traen el envejecimiento, la enfermedad y el pesimismo ante el futuro.

A mi juicio, son algunos más los temas que desarrolla Joyce en sus "pomas", aparte de los ya mencionados por Weel y Hisgen, Lennartz y Natali. La palabra "love" (amor) aparece en la colección en trece ocasiones y casi en otras tantas la palabra "heart" (corazón), ambas en amplia variedad de contextos. Por ello, yo añadiría como tema recurrente el amor en sus diferentes facetas: el paternal y protector, proyectado sobre sus hijos Giorgio y Lucia (como ocurre en "A Flower Given to my Daughter", "On the Beach at Fontana" y "Simples"), su amor por Nora (en "She Weeps Over Rahoon") y su amor/infatuación por una(s) alumna(s), vivido intensamente en el momento en que escribe, o recreado vívidamente como experiencia del pasado (como ocurre en "A Flower Given to my Daughter", "Tutto è Schiolto" y "Alone"). Cabe también considerar como relevantes otras recreaciones/descripciones (reales o imaginadas) de amores del poeta con mujeres endiosadas y dominantes (como en "Flood", "Nightpiece", "A Memory of the Players in a Mirror at Midnight" y "A Prayer"), o incluso las descripciones de relaciones familiares ("Tilly").

Si incluimos los tres poemas (que no "pomas") que se suelen añadir en las ediciones de *Pomes Penyeach* posteriores a 1927, a saber, "Ecce

Puer", "The Holy Office" y "Gas from a Burner", la lista de temas se amplía: "Ecce Puer" es un ejemplo de poema sobre relaciones familiares (padre, hijo, nieto) que cubre tres generaciones: pasado (representado por el padre recién fallecido), presente (el propio poeta) y futuro (su primer nieto). Los otros dos poemas añadidos, bastante más largos, apuntan claramente a la descripción interesada de las tensas relaciones de Joyce con los escritores irlandeses que le eran coetáneos.

El pesimismo generalizado que se percibe en la colección parece discurrir paralelo al hecho de que la acción de casi todos los "pomas" tiene lugar durante la noche cerrada o al anochecer, y con frecuencia en paisajes marinos, donde la naturaleza es dominante y más poderosa que el ser humano. El tono de la obra es por ello predominantemente triste. Los "pomas" marcan un doloroso proceso de desilusión de parte del poeta y de sus heridas (Lennartz 199).

Varios "pomas" de la colección fueron escritos en Trieste o inspirados en sucesos ocurridos allí: "Watching the Needleboats at San Sabba", "On the Beach at Fontana", "Simples", "A Flower Given to my Daughter". Trieste fue fundamental para la vida y obra de Joyce. En Trieste terminó algunos relatos de *Dubliners*, así como su obra en prosa poética *Giacomo Joyce*, los capítulos "Circe" y "Eumaeus" del *Ulysses*, la obra teatral *Exiles*, transformó *Stephen Hero* en *A Portrait of the Artist as a Young Man*, publicó ocho artículos en italiano en el periódico *Il Piccolo de la Sera* (1907-12), allí imprimió sus dos poemas de protesta "The Holy Office" y "Gas from a Burner" y allí también intentó traducir *Riders to the Sea*, de Synge al italiano, empresa que no terminó (Rocco-Bergera 1972, 344-45). En la ciudad austro-húngara (donde se hablaba predominantemente el italiano en su hoy casi extinto dialecto triestino) vivió con su pareja Nora y sus dos hijos durante muchos años y en ciertas épocas también con sus hermanos Stanislaus y Eileen. Con la excepción de unos meses en Pola, Roma y Dublín y tres años y medio en Zúrich, Joyce residió en Trieste desde 1904 a 1920 (342). Trieste nunca dejó de estar en el corazón de Joyce. Su principal amigo y mentor en aquella ciudad fue el novelista italiano-austríaco de origen judío Italo Svevo (pseud. de Ettore Schmitz,

1861-1928), tan influyente en el futuro Joyce del *Ulysses* (349). Fue también Svevo quien le introdujo en el psicoanálisis.

Salvo que se indique expresamente, todas las traducciones al español de "pomas", otros poemas o citas de Joyce o de otros autores han sido realizadas por mí.

Pomes Penyeach / A penique el poma

"Tilly" / "Mandaico"

Es el "poma" número "trece" que rompe la docena habitual de doce; es decir, es el que Joyce añade a la colección como propina, de regalo, el "tilly" de la cesta, en términos dublineses. Es también el único de verso libre de la colección, el primero que se encuentra el lector al abrir el libro y el más antiguo en el tiempo. Tuvo dos títulos diferentes con anterioridad a la versión definitiva de 1927: "Cabra", en 1903, y "Ruminants", en 1919. Cabra era el barrio de Dublín en que Joyce residió (desde finales de octubre de 1902 a finales de marzo de 1904), concretamente en 7, St Peter's Terrace, antes del fallecimiento de su madre, May Joyce, ocurrido el 13 de agosto de 1904 (Fargnoli & Gillespie 1995).

Wall (1987) y Dolan (1998) definen "tilly" (o "tuille") en coincidentes términos: es una medida añadida de regalo por los lecheros o los tenderos a sus clientes. En el capítulo 1 de *Ulysses* ("Telemachus"), Joyce emplea el término "tilly" en una ocasión: una anciana lechera llega por la mañana a Martello Tower, residencia del joven Stephen y de sus dos compañeros de casa a las afueras de Dublín, para venderles "a measureful and a tilly" (U1.397), es decir, un cazo de leche servido con su correspondiente chorro de propina. Así relata Joyce el momento: "He watched her pour into the measure and thence into the jug rich white milk, not hers. Old shrunken paps. She poured again a measureful and a tilly" (U1.397).[18]

Al igual que en el resto de los "pomas", la crítica ha querido ver en "Tilly" una cierta intención autobiográfica (Anderson 1958; Ellmann 1959 y

---

18. Tr. La observaba mientras vertía la cantidad y de ahí a la jarra la espesa y blanca leche, no la suya. Viejas mamas encogidas. Volvió a verter una cantidad y su mandaico.

1982). El "poma" en cuestión, de escaso espíritu bucólico a pesar de su apariencia como tal —para Joyce la naturaleza suele presentarse como agresiva (Conner 2012)—, podría estar reflejando la angustia que sentía el poeta durante aquellos días en que su madre se estaba muriendo (Ellmann 1982, 136-37; Conner 2012, 189). Tal y como señala Scholes (1992, 96), cabe también pensar que Joyce estuviera intentando reflejar el contraste entre la felicidad de las reses al descansar al atardecer y la angustia del pastor, que no logra relajarse del todo porque su mente da vueltas debido a una intensa preocupación personal. De ahí que sangre por una rama rota (¿parentesco roto?, ¿amistades rotas?) y de ahí el oscuro flujo de ideas que le sobresaltan. Por otro lado, Anderson (1958, 286), convencida de la línea biográfica de este reflexivo "poma", considera que refleja el recuerdo que guardaba Joyce de su admirado compañero de instituto y universidad John Francis Byrne (1880-1960), futuro periodista y su mejor amigo y confidente por aquellos juveniles días.

Conocedores de la obra de Joyce hay que han querido ver en "Tilly" diferentes fuentes de inspiración. Joyce admiraba a W. B. Yeats (1865-1939). De él lo había leído todo. Con anterioridad al "Tilly" de Joyce, Yeats ya había escrito un poema sobre la relación entre el exilio y una rama quebrada titulado "Dedication" (1891), incluido primeramente en el volumen *The Countess Kathleen and Various Legends and Lyrics* (1892)[19] y luego en *Poems* (1895).[20] Casi treinta años después volvería a editarlo con algunos retoques en *The Irish Statesman* el 8/11/1924 con el título "An Old Poem Re-written". Yeats utiliza unas imágenes en algunos versos que apuntan a la posibilidad de que Joyce pudiera haber bebido de él:

> There was a green branch hung with many a bell (...)
> [tr. Había una rama verde del que colgaban muchas campanas (...)]
> And turned the farmer's memory from his cattle
> [tr. Y apartaba la atención por el ganado del granjero]
> I tore it from green boughs winds tossed and hurled (...)

19.   London: T. Fisher Unwin, 1892.
20.   London: T. Fisher Unwin, 1895.

[tr. Lo arranqué de las ramas verdes que los vientos giraban y retorcían]
The sad bells bow the forehead on the hands
[tr. Las tristes campanas inclinan las frentes sobre sus manos]

Para Shaweross (1969, 61), "Tilly" debe rastrearse en el Canto XIII del *Inferno* de Dante. En este el poeta toscano relata su viaje en compañía del latino Virgilio por el bosque de los suicidios. Los que se han quitado la vida están para siempre atrapados entre los árboles y arbustos y solo pueden expresarse cuando se rompen las ramas y solo mientras estas sangran. Por otro lado, afirma Del Greco Lobner (1972), Joyce pudo haberse inspirado en el poema "I Pastori d'Abruzzo" (1903), del poeta italiano Gabriele D'Annunzio (1863-1938), por el que el irlandés sentía una gran admiración, equiparable a la que también sentía por Kipling y Tolstoi (1972, 383). En *Alcione* (1904),[21] D'Annunzio se apartaba con valentía del pesado corsé de la rima y de las estrictas reglas de la estrofa. El poema "I Pastori d'Abruzzo" se publicó precisamente un año antes de que Joyce escribiera "Ruminants", versión primigenia de "Tilly" (384). El poema del italiano trata sobre una puesta de sol al final del verano y la triste despedida por mor de la migración obligada de los pastores de las montañas de Abruzzo por todo lo largo de la costa del mar Adriático en busca de nuevos pastos para sus rebaños de ovejas. En el "poma" de Joyce, el rebaño es, sin embargo, de vacas y el recorrido es desde el campo hacia un barrio urbano de las afueras de Dublín.

Una interpretación personal al "poma" se basaría en señalar que en las estrofas primera y segunda del mismo el poeta presenta al ganado (símbolo de su familia) y a su conductor (¿su padre?, ¿él mismo?, ¿el grupo de escritores del movimiento del renacimiento irlandés?, ¿su líder?) comunicándose entre sí y comprendiéndose mutuamente, en plena armonía. El mensaje que se les transmite a las reses estaría relacionado con la idea de la comodidad prometida que podrán experimentar cuando lleguen al establo/el hogar a la caída del día. El pastor

21.   Milano: Fratelli Treves Editori, 1904.

aporta seguridad durante el trayecto a casa, ruta que va señalando mediante el florido bastón usado al ristre hasta llegar a Cabra, barrio de residencia de la familia Joyce. Pero en la estrofa tercera, la voz narrativa e iracunda del poeta se inmiscuye en el "poma" para insultar directamente al hasta ahora eficiente pastor, al que califica de "boor" (patán). Se insinúa también una relación de esclavitud ("siervo de la manada") entre el conductor y el ganado, o el conductor respecto de su familia, a la que se debe, quiéralo o no. ¿Intenta Joyce recrear aquí su necesidad de escapar de toda responsabilidad familiar? ¿Desea acaso huir de un ambiente cultural y literario en Dublín que no le entiende, a pesar del afán que ha puesto por demostrarles el camino correcto a los poetas y dramaturgos irlandeses contemporáneos? ¿Serían estas las razones de la angustia por la que sangra el pastor —Joyce— al acostarse por la noche?

Mi propuesta de título para este "poma", "Mandaico", es un término coloquial empleado por el pueblo llano en Granada y alrededores (Leyva Almendros 2012). Se usa para referirse a un producto añadido concedido gratuitamente por el vendedor al comprador. Podría alegarse que en mi elección del título de "Mandaico" me he inclinado por un localismo casi exclusivo de la ciudad nazarí, pero, ¿no hace acaso Joyce lo mismo también al emplear el localismo dublinés "Tilly"?

El "poma" "Tilly" aparece incluido también en la antología poética *The Rattle Bag* (1982), editada por Seamus Heaney y Ted Hughes, y formada por una extensa colección de los poemas favoritos de ambos.[22]

22. En esta antología se incluyen más de cuatrocientos poemas (en inglés y algunos de ellos en traducción al inglés) de Robert Lowell, Robert Graves, Sylvia Plath, Louis MacNeice, W. B. Yeats, W. H. Auden, Thom Gunn, Robert Frost, Elizabeth Bishop, Philip Larkin, James Joyce, Emily Dickinson, Richard Eberhart, Lawrence Ferlinghetti, T. S. Eliot, Allen Ginsberg, Ezra Pound, Theodore Roethke, etc.

"Watching the Needleboats at San Sabba" / "Contemplando las piraguas en San Sabba"

Joyce escribió este "poma" en 1913, mientras vivía en Trieste. Su hermano Stanislaus, que residía allí también durante aquellos días, competía en una carrera de piraguas en la playa de San Sabba, cercana a la ciudad italiano-austríaca, en el mar Adriático. Joyce asistió como espectador y el "poma" es el resultado de sus impresiones y recuerdos del momento. Se publicó por vez primera en *Saturday Review* el 20 de septiembre de 1913. Joyce regaló copias del "poma" a su hermano y a sus compañeros del club de piragüismo.

Joyce se inspiró en un aria procedente de la popular ópera de tres actos *La Fanciulla del West* (1910), ambientada en el oeste americano en plena fiebre del oro y basada en una obra teatral del dramaturgo estadounidense David Belasco (1853-1931) titulada *The Girl of the Golden West*, estrenada en Nueva York en 1905. Su versión operística, *La Fanciulla del West*, había sido compuesta por Giaccomo Puccini (1858-1924) (música) y por Guelfo Civinini (1873-1954) y Carlos Zangarini (1874-1943) (libreto) y se estrenó (en italiano) en 1910 en el Ópera Metropolitano de Nueva York con el tenor Enrico Caruso y la soprano Emmy Destinn como protagonistas.

En un aria de la citada ópera se canta el verso "e non ritornero piú", que recoge Joyce en inglés en el "poma"; de ahí "No return, no more return" ("Nunca más, nunca más regresar") (l. 4 y 8). En San Sabba Joyce vio y oyó a los remeros cantar dicha aria, sonando esta a sus oídos como un profundo lamento por el implacable paso de tiempo, que no perdona, y por la pérdida de la juventud que nunca regresará una vez perdida (Fargnoli & Guillespie 231).

"A Flower Given to my Daughter" / "Una flor que recibió mi hija"

Giacomo Joyce se publicó póstumamente en 1968. Se trata de una breve obra en prosa poética escrita a mano por Joyce en un cuaderno personal entre 1912 y 1914 en la que se narra una secreta relación que este mantuvo con una joven estudiante judía de Trieste a la que dio clases de inglés durante 1907-08. Escrita en forma de diario poético o de poema en prosa, anticipa la técnica del monólogo interior que caracterizaría una década más tarde a *Ulysses*.

En *Giacomo Joyce* se hace referencia en una ocasión al momento en que la generosa (e innombrada) alumna de Joyce le dio una flor a su hija Lucia (1907-82), pequeño gesto de cortesía para con la pequeña, y como tal lo describe el padre en su cuaderno: "A flower given to her to my daughter. Frail gift, frail giver, frail blue-veined child"[23] (1980, 3).[24] En este casi telegráfico texto de *Giacomo Joyce* se anticipan los que luego serán los protagonistas del "poma": a) el testigo presencial —el poeta—; b) ella —la frágil donante—; c) la receptora —la hija del poeta, frágil niña de sangre azul— y d) la flor —el frágil regalo—.

En la primera estrofa del "poma" se hace referencia a la fragilidad de la rosa y de la mano de la donante. En la segunda se alude exclusivamente a la fragilidad de Lucia. Lucia se presenta ya a los ojos del protector padre como una niña perteneciente a una "aristocracia especial", de ahí su "sangre azul". Es frágil por su corta edad y es posiblemente percibida también ya como frágil de mente. El "poma", en sus dos estrofas, presenta el concepto de fragilidad desde dos perspectivas. En la primera, la fragilidad es la propiedad más destacada de la rosa y de las manos que la ofrecen como regalo; en la segunda, la fragilidad define la corta edad y la mente de la hija de Joyce.

---

23. Tr. Una flor le dio ella a mi hija. Frágil regalo, frágil donante, frágil niña de azules venas

24. Cito por la edición bilingüe de *Giacomo Joyce* de 1980 (trad. Alfredo Matilla). Hay sin embargo una más reciente, *Giacomo Joyce: Edición bilingüe* (Losada, Barcelona, 2013; prólogo, cronología, traducción, notas y apéndices de Pablo Ingberg).

En 1927, cuando vio la luz el "poma", no se conocía la identidad de la generosa donante de la flor, la misma que protagonizaba los amores de Joyce en *Giacomo Joyce*. Sin embargo, Ellmann (1959, 342) la identificó como Amalia Popper (1891-1967), de casada *Signora* Risolo. El cuaderno manuscrito de *Giacomo Joyce* se encontraba en posesión de Stanislaus, que lo puso al alcance de Ellmann. Quizás retardara Ellmann hasta 1968 la publicación de *Giacomo Joyce* para evitarle a una señora casada la vergüenza pública de aparecer como amada de Joyce. La *Signora* Risolo falleció en 1967. Su viudo, *Signor* Risolo, conocido fascista admirador de Mussolini, negó rotundamente que hubiera sido su esposa la amante de Joyce a la que se alude en *Giacomo Joyce*.

Barolini (2003, 250), en sintonía con el *Signor* Risolo, discrepa con el sentir de Ellmann, pues está convencida de que el personaje femenino que protagoniza *Giacomo Joyce* es producto de la fusión de los rasgos de varias alumnas. Estas serían la citada Amalia Popper —que, sin embargo, y a pesar de lo que se narra en *Giacomo Joyce*, no llegó a leer nunca el manuscrito de *A Portrait of an Artist as a Young Man*—; Annie Schleimer (1881-1972) —la coleccionista de paraguas—, y Emma Cuzzi (1896-1958) —la operada de apendicitis—. Lamenta Barolini (261) que Ellmann no aceptara de buen grado la rectificación que ella le proponía. Lamenta asimismo (261) que, al no rectificar, la pormenorizada y valorada biografía de Joyce que publicara este en 1959 y sus reediciones posteriores sin duda alguna perpetuarían el nombre de la *Signorina* Popper como la *única* estudiante erotizada del Joyce de *Giacomo Joyce*.

Mahaffey (1995) sí está convencida, pues así lo dejó claro el propio Stanislaus, que, a pesar de la lógica resistencia puesta por el viudo italiano, Amalia Popper había sido la amada de Joyce que se describe en *Giacomo Joyce* y en el "poma". Desde luego, por el erotismo que emanaba, Amalia Popper sí fue casi sin duda alguna —así lo asegura Mahaffey— la fuente de inspiración y modelo principal de otros personajes femeninos de la novelística posterior de Joyce: Molly Bloom, y, en parte, junto a Nora, Anna Livia Plurabelle, sobre todo por su aspecto físico de atractiva mujer morena.

McCourt (2000, 16-17) considera que, en efecto, Amalia Popper parece ser la candidata más probable; al fin y al cabo, tal propuesta contaba con el firme e inamovible apoyo del todopoderoso Ellmann, a su vez muy influido por la opinión de Stanislaus. Pero McCourt no excluye a otras dos posibles candidatas: a la citada Emma Cuzzi, la operada de apendicitis e inspiración para los personajes de Emma Clery y Emma C., las deseadas jóvenes de Stephen Dedalus en *Stephen Hero* y en *A Portrait of the Artist as a Young Man* respectivamente, apoyando así la hipótesis de Curci (1996), y a la citada Annie Schleimer, que sería la joven a la que Joyce habría besado y a la que habría propuesto matrimonio, apoyando así la hipótesis de Crise (1995). Por Annie Schleimer, afirma McCourt (2000, 17), Joyce habría estado dispuesto a abandonar a Nora. Pero, añade este a continuación (17), Joyce fue finalmente rechazado por exigencia del propio padre de la interesada, que consideraba al peculiar maestro de inglés un don-nadie y un muerto de hambre, o lo que es lo mismo, un pretendiente totalmente inapropiado para su hija.

La futura Mrs Risolo es la señalada por el dedo de Joyce para convertirla en inmortal —el respetado Ellmann ya lo ha hecho en su definitiva biografía de Joyce y en sus posteriores ediciones. Cabe señalar que la italiana llegó a pedir autorización por carta al propio Joyce, residente en París entonces, para traducir cinco relatos de *Dubliners* al italiano, permiso que le fue concedido (en justa reciprocidad por la flor, imagino). Estos cinco relatos en italiano fueron publicados con el título de *Araby* (1935)[25] y contaron con los debidos retoques y correcciones del propio Joyce. La *Signora* Risolo añadió a su libro una breve biografía (autorizada) de Joyce, por lo que su antigua alumna se convertía en su primera biógrafa.

Con anterioridad a *Pomes Penyeach*, "A Flower Given to my Daughter" ya había sido publicado en el número de mayo de 1917 de *Poetry* (vol.

---

25.   Publicada originalmente en 1935, fue reeditada en 1991 precisamente por una de las nietas de la Sra. Risolo, Antonietta (Ibiskos Edicitre, Empoli).

X, nº 11, 71-72). También sería publicado en 1982 en el citado *The Rattle Bag*, editado por Heaney y Hughes.

Perdura sin embargo la duda flotando en el aire: ¿quién de las tres (o quizás más) candidatas al amor de Joyce fue la que grácilmente le dio la flor a Lucia? Yo particularmente quiero pensar que la Popper, pero tampoco tengo plena seguridad de ello.

"She Weeps over Rahoon" / "Lágrimas de mujer sobre Rahoon"

La pareja Joyce-Barnacle visitó Galway en el verano de 1912. El viaje a la patria chica de Nora (y a las cercanas islas Arán) en julio-agosto fue como unas vacaciones para todos, incluidos los hijos. Joyce se las pudo costear gracias a la reciente publicación remunerada de unos artículos en *Il Piccolo de la Sera* (Ruiz Mas 2023, 95-96). Joyce y Nora visitaron el cementerio de Rahoon, aldea a tres quilómetros de Galway. Allí pudieron contemplar la tumba de Michael Bodkin (c.1879-11/2/1900),[26] un joven pretendiente de Nora que había muerto de una pulmonía tras ir a verla para despedirse de ella en una noche fría y lluviosa, tal y como se narra tanto en el último relato de *Dubliners* (1914), "The Dead", en el "poma" "She Weeps over Rahoon" de 1927 y en las notas que Joyce recogió para la que sería su obra de teatro, *Exiles*, durante su visita en Roma a la tumba del poeta romántico P. B. Shelley (1792-1822).[27] En los tres

---

26.   La parcela de la tumba de Michael Bodkin está ubicada en la sección D-Lot 3089 del cementerio de New Rahoon (*Find a Grave*, <https://es.findagrave.com/memorial/6830/michael-bodkin> [Consulta 22/8/2023.]

27.   "Moon: Shelley's grave in Rome. He is rising from it: blond she weeps for him. He has fought in vain for an ideal and died killed by the world. Yet he rises. Graveyard at Rahoon by moonlight where Bodkin's grave is. He lies in the grave. She [Nora] sees his tomb (family vault) and weeps. The name is homely. (...) Bodkin died. (...). In the convent they called her the man-killer: (woman-killer was one of her names for me). (...) Rahoon her people. She weeps over Rahoon too, over him whom her love has killed, the dark boy

citados textos Joyce rinde homenaje literario al que podría haber sido su rival en vida. De hecho, lo sigue considerando su rival en espíritu.

En el relato "The Dead", la protagonista Gretta Conroy (representación literaria de Nora), evoca a su malogrado enamorado Michael Furey (alter-ego de Michael Bodkin) al oír en la distancia la melodía de "The Lass of Aughrim", canción tradicional irlandesa que este solía cantarle. Gretta se entristece por el recuerdo de su joven pretendiente. Por este motivo su marido, el profesor Gabriel Conroy, en inesperada epifanía, deduce con resignada tristeza que el amor que Furey sintió por la que ahora es su esposa fue auténtico, pues dio su vida por ella. Su felicidad marital, descubre a estas alturas, se ha construido sobre espejismos que él se ha creído hasta ahora a pies juntillas. Descubre también que ha sido el tercero en la relación de su esposa con Furey. Gabriel no ha podido demostrar aún su intenso amor por su mujer con un acto tan heroico como el del joven enamorado, que murió precisamente por querer demostrarle su amor.

whom, as the earth, she embraces in death and disintegration. He is her buried life, her past... (...) There are tears of commiseration. She is Magdalen who weeps remembering the loves she could not return" (cit. en Ellmann 1950, 324) [Tr. Luna: tumba de Shelley en Roma. Se levanta de ella: la rubia llora por él. Ha luchado en vano por un ideal y ha muerto asesinado por el mundo. Y sin embargo se levanta. Cementerio en Rahoon bajo la luz de la luna donde se encuentra la tumba de Bodkin. Yace en la tumba. Ella [Nora] ve su tumba (cripta familiar) y llora. Su nombre le transporta a la infancia. (...) Bodkin murió (...). En el convento la llamaban la mata-hombres: (asesina era uno de los apodos que yo le puse). (...) Rahoon su gente. Llora sobre Rahoon también, sobre aquel a quien su amor ha matado, el joven sombrío a quien, como la tierra, se abraza ella en la muerte y en la desintegración. Él es la vida enterrada de ella, el pasado de ella... (...) Hay lágrimas de compasión. Ella es Magdalena que llora recordando los amores que no podía devolver].

En "Lágrimas de mujer sobre Rahoon", la voz femenina (Nora) lamenta la eterna soledad que le espera a su "sombrío amante", que no deja de clamar su pena todas las noches sin recibir respuesta. Nora percibe su dolorosa incomunicación. Su voz solo le llega a ella desde el más allá, encerrado por siempre en la tumba. Ella se mantiene espiritualmente conectada con él, pues dice oír su llamada desconsolada. Todo ello lo expresa esta en voz alta ante un testigo mudo (el poeta, Joyce), que escucha con atención las reflexiones de su compañera en forma de monólogo dramático. La voz femenina aprovecha en la segunda estrofa para reflexionar sobre la futilidad de la vida, pues todos, añade, acabaremos como el muerto en su tumba, fríos y solos. Las lágrimas que vierte se hermanan con las gotas de lluvia del momento de la visita. Ambas, lágrimas y gotas, caen en ese momento "sobre" Rahoon. El ambiente casi gótico del solitario cementerio que describe Joyce está impregnado de imágenes de oscuridad y tristeza: el sombrío amante, la voz llorosa y triste que clama desconsoladamente, la luna grisácea, la apenada voz que gime sin recibir respuesta, la lluvia opaca, los oscuros corazones de la pareja, el corazón del muerto frío y doliente, las ortigas de tono grisáceo que le aporta la luna y el ennegrecido moho que las rodea.

En la epifanía de Gabriel Conroy en "The Dead", la nieve está "falling faintly (...) faintly falling",[28] sobre toda Irlanda, la rural, la urbana y la marítima, siendo el uso del gerundio ("falling"), repetido dos veces en el fragmento final del relato, reflejo de la tenacidad de la nieve que todo lo termina cubriendo:

> It was falling too upon every part of the lonely churchyard where Michael Furey lay buried. It lay thickly drifted on the crooked crosses and headstones, on the spears of the little gate, on the barren thorns. His soul swooned slowly as he heard the snow falling faintly through the universe

28.   Tr. cayendo levemente (...) levemente cayendo

and faintly falling, like the descent of their last end, upon all the living and the dead. (1980, 223)[29]

En el "poma" es en cambio la lluvia la que cae, con igual tenacidad, sobre el cementerio, "Falls softly, softly falling" (l. 1),[30] siendo la voz femenina la inmersa en plena epifanía. Ambos textos, el del relato "The Dead" y el del "poma" de 1927, aluden al mismo episodio de las vidas de Joyce y Nora.

Oportunamente percibe Lennartz (2010, 210) la similitud entre el "poma" de Joyce y un poema de Thomas Hardy (1840-1928), "The Voice" (1912), ambos escritos durante la misma época. La acción del poema de Hardy tiene lugar también en un cementerio donde un hombre se siente hechizado por la voz de su amada muerta y enterrada: "Leaves around me falling, / Wind oozing thin through the thorn from northward, / And the woman calling" (*The Complete Poems of Thomas Hardy* 1991, 346).[31]

El "poma" de Joyce se había publicado con anterioridad en el número de noviembre de 1917 de la revista *Poetry*.

"Tutto è Sciolto" / "Tutto è Sciolto"

La traducción literal al castellano del título italiano empleado por Joyce es "todo queda suelto", pero el poeta prefiere aportar un toque adicional de dolor: "todo está perdido". "Tutto è Sciolto" es en realidad el

---

29. Tr. Caía también sobre cada rincón del solitario cementerio donde yacía enterrado Michael Furey. Se posaba torpemente sobre las torcidas cruces y lápidas, sobre las picas de la portezuela, sobre los marchitos espinos. Su alma se apagaba lentamente mientras oía la nieve caer levemente por todo el universo y levemente cayendo, como el descendimiento de su definitivo final, sobre todos los vivos y los muertos.

30. Tr. cae suavemente, suavemente cayendo

31. Tr. Las hojas a mi alrededor cayendo, / El viento susurrando débil a través del espino desde el norte, / Y la mujer clamando

título de un aria cantado en el acto II de la opera *La Sonnambula* (1831), de Vicento Bellini (1801-35):

> Tutto è sciolto
> Più per me non v'ha conforto
> Il mio cor per sempre è morto
> All gioa ed all'amor[32]

Alusión a esta misma aria aparece asimismo en el episodio de las "Sirens" de *Ulysses*. Mientras comen Leopold Bloom y su tío Richie Goulding en el salón del Hotel Ormond de Dublín, Leopold percibe que tanto el tema como el tono del aria que suena al fondo en ese preciso instante coinciden con sus pensamientos: él sospecha de la infidelidad de su esposa, Molly, pero nada puede hacer, todo lo tiene perdido. Es una experiencia similar a la que debió de sentir el personaje de Elvino en *La Sonnambula* al descubrir a su prometida, la sonámbula Amina, acostada con otro hombre:

> —Which air is that? asked Leopold Bloom.
> —All is lost now. (...) Yes: all is lost.
> —A beautiful air, said Bloom lost Leopold. I know it well. (*U*351)[33]

La expresión "All is lost now" (todo está perdido), repetida incesantemente en el citado pasaje de *Ulysses*, incide en la sensación de desesperanza y vacío que siente Leopold Bloom. La relación del fragmento de *Ulysses* y el "poma" está clara. En el "poma" Joyce parece referirse a su aventura amorosa con la señorita Popper (o con alguna otra alumna) en lo que constituye un evidente acto de infidelidad hacia Nora. Joyce relaciona su infidelidad al aria "Tutto è Sciolto" de *La Sonnambula*, de ahí que sea este el título elegido para su "poma" de 1927 (Arkeley 2000, 200).

---

32. Tr. Todo está perdido / Ya no hay para mí consuelo / Mi corazón está para siempre muerto / Para el gozo y para el amor

33. Tr. ¿Qué aria es esa? preguntó Leopold Bloom.
    —Todo está perdido ya. (...) Sí: todo está perdido.
    —Un aria hermosa, le dijo Bloom al perdido Leopold. La conozco bien.

En *A Portrait of the Artist as a Young Man* Joyce escribía: "Darkness was falling. Darkness falls from the air" (1916, 219).[34] Esta misma imagen se emplea también en la letra de una canción o plegaria que escribiera el poeta y dramaturgo isabelino Thomas Nashe en "A Litany in Time of Plague" (1592): "Brightness falls from the air".[35] La idea de la belleza como flor perecedera en la letanía de Nashe a raíz de la peste bubónica que padeció Londres en 1592 (por la que, obviamente, se cerraron en su día los teatros) se muestra muy similar al tenor del "poma" de Joyce (Noeli 2006, 108).

El uso que hace Joyce de la expresión "one lone" (l. 1) podría también estar vinculado a la ópera cómico-romántica *Martha* (1844), del alemán Friedrich von Flotow (1812-83), en cuyo segundo acto de su versión inglesa (interpretada en Londres durante las décadas de los cuarenta, cincuenta y setenta del siglo XIX) se cantaba una canción, "The Last Rose of Summer" —la última rosa del verano—, traducida al alemán como "Letzte Rose",[36] con el siguiente verso: "I'll not leave thee, thou lone one".[37] Y también es la ópera *Martha* mencionada en el episodio de "Sirens" en *Ulysses*. Los dos comensales oyen cantar un aria procedente de esta al fondo mientras comen (Arkeley 2000, 203; Natali 2006).

El "poma" de Joyce se divide en tres estrofas. En la primera el poeta describe el paisaje marino del lugar en que él se reúne con una joven. El poeta habla (de facto o en su imaginación) con su frágil interlocutora, recordando con tristeza un amor pasado y acabado que en su día compar-

---

34. Tr. Caía la oscuridad. La oscuridad cae desde el aire
35. Tr. La claridad cae desde el aire
36. "The Last Rose of Summer" (1805) es el poema más conocido del irlandés Thomas Moore (1779-1852). El compositor irlandés Sir John Andrew Stevenson (1761-1833) le puso música al poema de su compatriota. El alemán Flotow utilizó como fondo musical dicha canción para su ópera (Natali 2010, 107). Se hace referencia a esta misma canción también en *The Moonstone* (1868), novela del inglés Wilkie Collins (1824-89) que el mismo Collins adaptó posteriormente para el teatro.
37. Tr. A ti no te abandonaré, tú la solitaria

tieron. En la segunda estrofa, la voz del poeta describe en breves pinceladas la sintonía que existe entre la imagen de la joven con el paisaje marino
que anochece. La caída de la noche en ese momento (los verbos de las dos
primeras estrofas están expresados en tiempo presente) parece simboli-
zar la caída (el final) de un amor vivido en el pasado. En la tercera estrofa,
el poeta se habla a sí mismo para combatir su tristeza por el amor perdido.
Pero al menos, en su día (en el pasado), ella le llegó a amar.

Este "poma" también había visto ya la luz con anterioridad en el número de mayo de 1917 de *Poetry.*

"On the Beach at Fontana" / "En la playa de Fontana"

Se publicó por vez primera en *Poetry*, en el número de noviembre de
1917. Y también se incluyó luego en la antología de Heaney y Hughes, *The
Rattle Bag* (1982).

El "poma" está inspirado en una excursión a la playa de Fontana que
realizó Giorgio (1905-76) en 1914, a la sazón de nueve años, acompañado
por el propio Joyce, su padre. En el "Trieste Notebook" encontramos la
siguiente entrada: "I held him in the sea at the baths of Fontana and felt
with humble love the trembling of his frail shoulders".[38] El "Bagno Fontana", sito en la marina de Sacchetta (actualmente un puerto deporti-
vo), cercano a la playa de Lanterna (junto al faro), llevaba relativamente
poco tiempo construido, solo desde 1899. Se llegaba a él en tranvía de
caballos desde el centro de Trieste.

Allí, en su playa y muelle, tiene lugar la acción descrita en el "poma".
En un texto como este, donde el vocabulario elegido apunta a la senectud
("grey", "senile"), la imagen del Joyce que comienza a sentirse viejo, acompañado de su hijo frente al paisaje sonoro de los cantos rodantes en una

---

38.   Tr. Le sostuve en el mar en los baños de Fontana y sentí con rendido amor el
      temblor de sus frágiles hombros

playa, se asemeja a una conocida escena de la tragedia shakesperiana *King Lear* en la que el joven Edgar ayuda a su anciano padre (Gloucester) a caminar: "Give me your arm" (IV, 6, 31), le dice (Natali 2006, 102). En la playa de *King Lear* en la que interactúan padre e hijo se funde la senectud con la juventud en términos que recuerdan a la descripción que hace Joyce de la escena de la playa de Fontana: "(...) the murmuring surge / That on th' unnumbered idle pebble chafes / Cannot be heard so high" (IV, 6, 25-27).[39] También encontramos en *Ulysses* una referencia a los innumerables cantos rodados ("unnumbered pebbles") a los que se alude en el "poma" (102).

En definitiva, Joyce describe en el "poma" una epifanía de profundo amor paternal. Desea proteger a su hijo del ambiente frío y hostil del mar, gélido y gris, de un viento intenso, del temblor de los postes del muelle, del ruido ensordecedor de los cantos en movimiento, del miedo que provoca la oscuridad. Tanto el mar como el viento aparecen personificados y amenazadores para una persona tan frágil como el niño. Son, podría decirse, símbolos de los males del mundo de los que el padre desea proteger a Giorgio por siempre. El amor que siente el poeta por su hijo es tan intenso que resulta doloroso.

"Simples" / "Simplezas"

Publicado en el citado número de mayo de 1917 de *Poetry*, este "poma" narra otra epifanía de protección paternal, ahora hacia Lucia, de siete años. Joyce parece anticipar la simpleza y quizás los futuros problemas mentales de su hija, de ahí que suspire por estar a la altura de las circunstancias y desarrollar un "tapón céreo" y un "corazón férreo" que le permita protegerse de su "pueril canción". Joyce, cual homérico Odiseo/ Ulises, que trataba de no caer mortalmente rendido ante los cantos de sirena, desea también taparse los oídos con cera. No puede permitirse ablandarse. Debe ser fuerte para ella.

---

39. Tr. (...) el murmullo del oleaje / Que con los ociosos e incontables cantos roza / No se llega a oír tan alto

El poeta describe en el "poma" a una niña que juega y canta sola, que vive en su mundo propio y por la que la personificada luna demuestra su predilección: "Luce el rocío de luna en su flotante melena / Y besa la luz de luna su tierna frente" (l. 7-8), regalándole su luz. Lucia se entretiene con algo tan simple como recoger hojas y hierbas del jardín. Resulta casi imposible no ver a Lucia como una pequeña Ofelia, la que se volvió loca en *Hamlet*, dedicada en su perturbada soledad a recoger florecillas del campo en Elsinor. La niña canturrea sin cesar en su juego solitario: "O bella bionda, sei come l'onda!".[40] Tales versos proceden de una antigua canción popular de Trieste. Joyce los introduce al principio de la primera estrofa y al final de la segunda. Al principio, en italiano, tal y como los habría cantado la niña. Al final, en su traducción inglesa. El padre no deja de observar a su hija y reflexionar.

Joyce pudo haberse inspirado en un poema del estadounidense Wallace Stevens (1879-1955) titulado "Cy est Pourtraicte, Madame Ste Ursule, et les Unze Mille Vierges", publicado en 1915 en la revista *Rogue* y luego en 1921 en el que fuera su primer libro de poemas, *Harmonium*. El poema de Stevens consiste en una recreación de una oración que dedican a Dios Santa Úrsula y las once mil vírgenes antes de ser martirizadas por los hunos. Stevens describe en su poema cómo Santa Úrsula aspira a lograr el agrado de Dios y que este además se lo demuestre, para lo cual se consagra enteramente a la acumulación de una pila de flores con el fin de complacerle. Joyce pudo haber leído el poema del estadounidense, de ahí el comentario que añadió en el manuscrito de *Finnegans Wake* (2.59) en septiembre de 1923: "God annoyed by prayer",[41] pues, de todos es sabido, el desenlace para la santa y para sus mil virginales seguidoras fue su cruento sacrificio a manos de los bárbaros.

El parecido entre los primeros versos del poema de Stevens y el "poma" de Joyce resulta evidente:

40.   Tr. ¡Oh, bella rubia, eres como la ola!
41.   Tr. Dios molesto por la oración

Ursula, in a garden, found
A bed of radishes.
She kneeled upon the ground
And gathered them,
With flowers around,
Blue, gold, pink, and green. (l. 1-6)[42]

"Flood" / "Riada"

Este "poma" de tres cuartetos (escrito en su mayor parte en tetrámetro yámbico) vio la luz por vez primera en el número de mayo de 1917 de *Poetry*. Joyce describe el colosal despliegue de energía que produce una riada de aguas bravas que arrambla con todo lo que encuentra a su paso: ramilletes florales, algas y racimos procedentes de vides. A pesar de parecer una simple descripción de la potencia de una inundación y de la belleza que provoca su capacidad destructiva, se percibe un nuevo significado, una realidad más oscura. Bajo la superficie de la riada desbocada subyace un mensaje de erotismo frustrado. Cada una de las tres estrofas acaba con un poderoso término clave que apunta al fracaso del amor: "sombría jornada", "apatía desdeñosa" e "incertidumbre" respectivamente. El poeta refleja mediante diferentes imágenes de una naturaleza salvaje un intento de mantener un encuentro sexual, mas sin éxito. Joyce parece reprochar a la esquiva amada su incertidumbre, su indecisión.

"Nightpiece" / "Nocturno"

Este "poma" de tres estrofas de seis versos en trímetros yámbicos con el irregular esquema rítmico abc-bc, -d-ad-, e-be-b, está inspirado

---

42.   Tr. Úrsula, en un jardín, encontró / Un lecho de rábanos. / Se arrodilló sobre el suelo / Y los juntó todos / Con flores a su alrededor, / Azules, doradas, rosadas y verdes.

en un sueño que tuvo su autor a partir de una visita a la catedral de Notre Dame de París el Viernes Santo de 1903 y del que ya dio cuenta en *Giacomo Joyce* (Fargnoli & Gillespie 161). Se publicó originalmente en el nº 11, vol. X, mayo de 1917, de *Poetry* (72-74). Se incluyó asimismo en un primitivo borrador de "Work in Progress".

En la primera estrofa Joyce describe una apagada cúpula celestial de noche cual si fuera un inmenso templo. En la segunda, son los serafines los que se aprestan a participar en el culto, dirigido por una especie de sacerdotisa que agita el incensario, su amada estudiante, quienquiera que esta fuera, que ejerce de maestra de ceremonias. El tono predominante es de tristeza, vacío y desolación. Finalmente se superpone el vacío sobre el nocturno domo, donde solo perduran el incienso que todo lo embarga y el repiqueo de una tenebrosa campana.

"Alone" / "Soledad"

He aquí un breve "poma" consistente en dos estrofas de cuatro versos en trímetros yámbicos con rima abab cdcd, publicado con anterioridad en el número de noviembre de 1917 de *Poetry*. En él Joyce rememora y narra un instante de erotismo individual. En un paisaje nocturno a la orilla de un lago, una voz masculina (la del autor) murmura un nombre de mujer como si de una invocación casi religiosa se tratase. A raíz de la vocalización del nombre femenino, el amante experimenta una experiencia cuya culminación le provoca una sensación de vergüenza y a la vez de placer derramado: "Y mi espíritu entero / desvanécese avergonzado / en gozoso derroche" (l. 7-8).

"A Memory of the Players in a Mirror at Midnight" / "Recuerdo de los comediantes en un espejo a medianoche"

Dicho "poma", escrito en 1917, se presenta de forma parecida a la de un soneto, si bien aquí de métrica irregular con versos en trímetros yámbicos.

Consta de dos estrofas de siete versos cada una, entrelazados con rima abaacbc deeefdf. Se ambienta en la experiencia de Joyce como participante de una compañía teatral de Zúrich llamada "The English Players" en la neutral Suiza durante la I Guerra Mundial.[43] Había sido creada por Joyce y por el actor profesional Claud Sykes (1883-1963), contribuyendo así a enriquecer notablemente la vida cultural de la ciudad y la de otras localidades suizas durante dos años (1917-19).[44] Aunque el nivel de participación de Joyce no fue uniforme, sí intervino activamente al menos en la elección de las obras, ayudó a Sykes a dirigir los ensayos y colaboró como instructor de dicción, apuntador, gerente comercial e incluso cantante. Las especiales circunstancias de Zúrich a finales de 1918 ralentizaron las representaciones de la compañía. La severa inflación de los años de la guerra elevó dramáticamente los precios de las entradas y de los contratos teatrales. La consiguiente huelga general a nivel nacional en noviembre mantuvo muchos cines y teatros cerrados. La llamada epidemia de gripe española

43. Se puede reconstruir la historia de las actividades teatrales de la compañía por medio de documentos procedentes del Pfauen Theater (Zúrich), periódicos de la época y las colecciones de Joyce en Southern Illinois, Tulsa, Cornell, el Centro Harry Ransom y los archivos Otto Luening de la Biblioteca Pública de Nueva York.

44. El repertorio de la compañía era amplio. Incluía diez y nueve obras, entre las que destacaban *The Importance of Being Earnest*, de Oscar Wilde, en abril de 1918, la comedia de J. M. Barrie *The Twelve-Pound Look*, la dramática *Riders to the Sea*, de J. M. Synge (en la que Nora participaba como actriz), la comedia dramática de Stanley Houghton *Hindle Wake* y las ideologizadas obras de Bernard Shaw *The Dark Lady of the Sonnets* y *Mrs Warren's Profession*, esta última por entonces aún prohibida en los escenarios de Londres. Fue idea de Joyce representar obras en tres idiomas: *Il cantico dei cantici*, de Felice Cavallotti, *Le Baiser*, de Theodore de Banville, y *In a Balcony*, de Robert Browning. La de Browning fue la única en la que Joyce subía a escena para cantar con su voz de tenor una canción del siglo XVII acompañado de la guitarra de Paul Ruggiero. Esta sería precisamente la última obra que contó con la participación directa de Joyce, pues una semana más tarde abandonaría la ciudad para dirigirse a Trieste (Brockman & Alonso 2019).

se extendió en toda la ciudad y por toda Europa. El número de contratos para representaciones teatrales se fue reduciendo.

El "poma" es ambiguo como ninguno, pues, aparte de la agramaticalidad de —sobre todo— sus primeros versos, hay un continuo cambio de pronombres, que pasan caprichosamente del plural al singular y del femenino al masculino. Lo que sí queda claro es que Joyce incide una vez más en el tema del envejecimiento y la ansiedad que ello le proporciona. En la primera estrofa un espejo parece hablarle directamente a una pareja de ancianos cuyo beso, principal protagonista del "poma", resulta antiestético a la vista y desagradable al olfato, hasta tal punto que uno de los dos amantes rechaza al otro precisamente por esta razón. En la segunda estrofa el espejo sigue reflejando con cruel fidelidad el penetrante color grisáceo de la edad madura, caracterizada por su despiadada delgadez. El resultado de la experiencia descrita conduce a la desesperación.

"Bahnhofstrasse" / "Bahnhofstrasse"

Dicho "poma" fue publicado por vez primera en la revista mensual *The Anglo-French Review* (Vol. II, nº 1, p. 44) el 15 de agosto de 1919.[45] Está inspirado en un primer ataque de lumbago seguido de otro de glaucoma que sufrió Joyce en Zúrich mientras caminaba por la Bahnhofstrasse, una calle del centro de la ciudad, en agosto de 1917, a la temprana edad de 37 años. Había llegado a esta próspera ciudad de la neutral Suiza el 28 de junio de 1915 junto a su familia huyendo de la I Guerra Mundial y fue allí donde sus problemas oculares se agravaron. Su glaucoma requirió una iridectomía, la primera de sus once operaciones durante los siguientes quince años. En 1917 Joyce le describía a Pound su dramática experiencia:

---

45. La temprana versión de 1919 presenta una ligera variación respecto del "poma" publicado en 1927. En la de 1919, el verso 2 es el siguiente: "My hour, this ashen eve of day". En la versión final, el verso 2 reza de la siguiente forma: "Whereto I pass at eve of day".

On Saturday when walking in the street I got suddenly a violent Hexenschuss which incapacitated me from moving for about twenty minutes. I managed to crawl into a tram and get home. It got better in the evening but next day I had symptoms of glaucoma again — slightly better today. Tomorrow morning I am going to the Augenklinik. This climate is impossible for me so that, operated or not, I want to go away next month. I am advised to go to Italian Switzerland. (Cit. en Rooney 2015)[46]

El poeta experimenta una epifanía a raíz de este primer doloroso suceso que preludia el camino hacia la pérdida de la vista a medio o largo plazo así como el final cercano de su juventud. Tal y como señala Herring (1989, 623) en su reseña del libro *Joyce in Zürich* (1988), de Thomas Faeber y Markus Luchsinge (1988), el ambiguo verso 5, "¡Ay ruin estrella! ¡ay estrella dolorosa!", tiene su explicación en el significado literal de la palabra "glaucoma" en alemán (grüner Star = estrella verde).

Joyce murió en la ciudad de Zúrich en diciembre de 1940 a los 58 años, solo unas semanas después de volver a ella, adonde se había dirigido huyendo de la Francia ocupada por los nazis al principio de la II Guerra Mundial. Fue enterrado en el cementerio Fluntern de Zúrich, tumba n° 1449.

"A Prayer" / "Oración"

Es el último "poma" por orden cronológico de creación. Joyce lo escribió en 1924 en París, adonde se trasladó por sugerencia de Ezra Pound, tras seis años de inactividad poética (Norbum 2004, 144). Se divide en tres estrofas en tetrámetros yámbicos con rimas aba-c- dcdc-- aeae-b. Un

---

46.   Tr. El sábado mientras caminaba por la calle de repente sentí un violento Hexenschuss que me incapacitó el movimiento durante unos veinte minutos. Logré subirme a un tranvía y llegar a casa. Mejoró por la noche pero al día siguiente volví a tener síntomas de glaucoma; hoy un poco mejor. Mañana por la mañana voy a la Augenklinik. Este clima es imposible para mí por lo que, operado o no, quiero marcharme el mes que viene. Me aconsejan ir a la Suiza italiana.

cierto toque sadomasoquista es evidente en el texto. La voz narradora le habla a su amada desde una postura de absoluta y rendida sumisión. La figura femenina es poderosa y dominante. La subordinación de la voz masculina es tal que se dirige a su amada como si se le hablara a una diosa, a la que ha de rogar favores. En este caso el orante pide ser subyugado con fiereza y crueldad por esa figura femenina divina y adorada.

Joyce sintió cierta atracción por el masoquismo. En el capítulo de "Circe" de *Ulysses* (*U*15:716), Leopold Bloom fantasea con esta práctica en el lupanar de Bella Cohen, una madama de aspecto varonil. Bloom se la imagina transformada en una cruel domadora de hombres llamada Mr. Bello (nombre procedente de un brutal domador de circo del libro *Ruby: the Pride of the Ring*), título reminiscente de la popular novela victoriana de Amye Reade, *Rub, a Novel. Founded on the Life of a Circus Girl* (1889)[47] (Power 1981, Levin 2009). La meretriz Bella, que adopta el rol de Mr Bello, humilla a Bloom, le obliga a ponerse a cuatro patas y lo cabalga como a un caballo mientras no cesa de tratarle como si este fuera una prostituta esclavizada hasta el punto de ofrecerlo para puja en una subasta.

47.   London: Author's Co-operative Publishing Company, 1889.

... And Other Verses / ... Y otros versos

"Ecce Puer" / "Ecce Puer"

Este poema —que ya no es "poma", pues no forma parte de *Pomes Penyeach*— se publicó por vez primera en el número de enero de 1933 de la revista *New Republic*. En décadas sucesivas se publicaría con frecuencia junto a otros tres poemas más, "The Holy Office", "Gas from a Burner" y "Ecce Puer", en distintas ediciones de *Pomes Penyeach and Other Verses*. También vio "Ecce Puer" la luz en *Collected Poems* (1936),[48] edición consistente en la fusión en un solo volumen de los dos libros de poesía que publicó Joyce en vida, *Chamber Music* (1907) y *Pomes Penyeach* (1927).

Acababa de nacerles un primer nieto (y a la postre único) a los abuelos Joyce y Nora (15/2/1932), el primer y único hijo de su hijo Giorgio. Se llamó Stephen James Joyce (1932-2020). Joyce hace en el poema las veces de figura sacerdotal que presenta públicamente al nuevo miembro de la comunidad, "he aquí el niño", exclama, mientras reflexiona sobre el acontecimiento. La única referencia al sexo del recién nacido aparece en el título en latín ("puer", niño). Cuando Joyce escribió el poema en honor a su nieto, acababa de fallecer su padre, John Stanislaus Joyce (29/12/1931), solo dos meses antes. Este acto de presentación en sociedad del nuevo bebé de los Joyce recuerda a la presentación ante Poncio Pilatos del torturado Jesucristo: "Ecce Homo", he aquí el hombre, exclama el Gobernador romano de Judea al encontrarse de nuevo en su palacio al autoproclamado mesías, ahora destrozado, humillado y todo sangrante. Inocente el cristo, es sentenciado a morir, como el niño recién nacido, inocente también, cuyo destino final, como no puede ser de otra forma, es la muerte (Fisher 1959, 266).

48.   New York: The Black Sun Press, 1936.

El poema está dividido en cuatro estrofas de cuatro breves versos cada una, con un esquema simple de rima, abcb. El primer pareado de cada estrofa insiste en la visión optimista de la llegada al mundo del niño y en el segundo pareado se recuerdan con pesimismo las miserias del mundo. Este aporta un toque de tristeza a un acontecimiento que habría de ser todo alegría. Por ello cabe hablar de un poema que combina alegría y tristeza por partes iguales. Se produce una poderosa yuxtaposición de ideas enfrentadas: juventud frente a vejez, vida frente a muerte.

En la primera estrofa, Joyce informa sobre la llegada al mundo del bebé desde un "pasado oscuro", expresión que apunta a un tono pesimista para su futuro. El evento le proporciona al abuelo Joyce tanto alegría como tristeza. Su corazón está dividido. En la segunda estrofa, levemente recordatoria de una escena de un belén donde el poeta podría estar observando al niño en la cuna desde la altura de su condición de adulto, el recién nacido se ha convertido en el protagonista del espectáculo. Mas el bebé no es consciente de los problemas que la vida inevitablemente le ha de traer. Quizás también le aporte la vida un rayo de esperanza, como el que sugiere el villancico navideño "Rejoice, a child is born". Un cierto toque de oración se trasluce en la estrofa. Joyce pide al cielo, al demiurgo, al destino, a Dios, a quien corresponda..., que el amor y la caridad se erijan como las virtudes que rijan la vida futura del recién llegado.

En la tercera estrofa, Joyce pide perdón a su padre. Joyce se marchó de Dublín en 1904 y no volvió a ver a su admirado padre nunca más y se siente por ello culpable. Los dos últimos versos aluden a la tan recurrente imagen de enfrentamiento entre padre e hijo propia del cristianismo: el hijo, en la cruz, pide explicaciones a su padre por su abandono ("Dios mío, ¿por qué me has abandonado?"), tal y como se recoge en los evangelios de San Mateo y San Marcos. En "Ecce Puer" se da una curiosa inversión de los protagonistas: el hijo (Joyce), que abandonó a su padre para siempre y no le vio morir, le pide ahora perdón a través del poema (Scholes 1965, 258).

Si Joyce pudo inspirarse en el poema "Dedication" de Yeats para escribir su "Tilly", igualmente podría haber ocurrido con "Ecce Puer", pues este presenta unas marcadas similitudes con el poema-nana titulado "A Cradle Song" (en *The Wind Among the Reeds*, 1899),[49] también de Yeats (Scholes 1965, 268):

> The angels are stooping
> Above your bed;
> They weary of trooping
> With the whimpering dead.
>
> God's laughing in Heaven
> To see you so good;
> The Sailing Seven
> Are gay with His mood.
>
> I sigh that kiss you,
> For I must own
> That I shall miss you
> When you have grown.[50]

"The Holy Office" / "El Santo Oficio"

Siendo un joven veinteañero, Joyce intentó formar parte de la elite literaria y cultural irlandesa, liderada a la sazón por Lady Gregory y W. B. Yeats, padres espirituales del renacimiento literario de corte céltico. Joyce estaba plenamente convencido de su valía intelectual. Era ambicioso, egocéntrico, pagado de sí mismo, envidioso, competitivo, condescendiente con los demás, pero no había demostrado aún su talento en la literatura, por mucho que presumiera de ello y por fuerte que lo pregonase a los cuatro vientos. A pesar de su difícil carácter, pero intuyendo en él una mente

---

49. London: John Lane The Bodley Head, 1899.
50. Tr. Los ángeles se inclinan / Sobre tu cama; / Cansados estos de las tropas / De los quejumbrosos muertos. / Dios ríe en el Cielo / Al verte tan lindo; / Los Siete Navegantes / Están felices de Su alegría. / Suspiro por besarte, / Pues debo hacerme a la idea / Que te echaré de menos / Cuando hayas crecido.

privilegiada, un número de relevantes escritores y críticos de la Irlanda del momento le ofrecieron su ayuda. Lady Gregory, George Russell, Arthur Symons, W. B. Yeats o J. M. Synge le prestaron dinero, lo presentaron públicamente como si fuera uno más de ellos, le ofrecieron consejos y le dieron cobijo cuando vagabundeaba o daba bandazos por las calles de Londres o París. Yeats, por ejemplo, lo alojó en Londres durante su primer viaje a París, proporcionándole contactos que le podrían ser útiles y le presentó a Pound, amistad que tan beneficiosa le sería en el futuro. Lady Gregory escribió cartas de presentación para él y se preocupó de su bienestar. Symons escribió a distintos editores para recomendarlo como escritor y Synge le brindó consejo y compañía durante sus primeros viajes y estancias en París. Incluso, aunque Joyce no era parte del Teatro Abbey, el viajero, novelista y traductor italiano Carlo Linati (1878-1949), que frecuentó los ambientes del nuevo teatro nacional irlandés, lo presentaba como autor de "obras de teatro y cuentos" y lo comparaba en público con Yeats y Synge.

Sin embargo, Joyce estaba convencido de que los líderes espirituales de la literatura anglo-irlandesa de su época le habían dado de lado. Según su amigo el médico y poeta Oliver St. John Gogarty (1878-1957), Lady Gregory, que tanto se volcó para promover la poesía de Yeats, mostraba escaso interés por la de Joyce. Según Gogarty, Joyce "no estaba en el cajón de arriba" de la aristocrática mecenas. Recuerda asimismo que Joyce escribió una sarcástica quintilla ("limerick") sobre Lady Gregory tras sentirse rechazado por ella y su círculo.

Joyce se veía capaz de construir él solo la nueva literatura irlandesa. Para este, las obras de esta elite no llegaban al fondo de la realidad del país. Sus coetáneos, creía Joyce, despreciaban la propuesta naturalista que él proponía, que es la que le había inspirado su admirado dramaturgo y poeta noruego Henrik Ibsen (1829-1906). A su juicio, era la única verdadera.[51] Sus escritores paisanos, insistía Joyce, se limitaban a retra-

---

51. En su artículo "With James Joyce in Ireland" (*The New York Times*, 11/6/1922), Colum declaraba que "Ibsen was then the god of his [Joyce's] idolatry".

tar en sus textos una Irlanda delicada, romantizada y ficticia. Él en cambio deseaba describir Irlanda tal como era, inclusive sus defectos. Sus contemporáneos aspiraban a reflejar la belleza, él la verdad. Pero lo que realmente le irritaba a Joyce era que este movimiento de renacimiento literario irlandés no reconociera el genio que él desbordaba a raudales. A sus miembros los calificaba de "trolls" y estaba convencido además de que conspiraban a sus espaldas para hundirlo.

En los cuarenta y ocho pareados octosilábicos del poema "El Santo Oficio" Joyce exponía las muchas formas en las que él decía superarlos a todos tanto en creatividad como en conocimiento de la teoría de la literatura y apuntaba a las zancadillas que creía le ponían. Intentó publicar su incisivo y áspero poema a través de su amigo Constantine P. Curran (1873-1972) en la revista de la Universidad de Dublín, *St Stephen's*, de la cual era editor, pero este se negó a participar en sus enredos al ver que el poema parecía pedir a gritos escándalo inmediato y seguro entre sus paisanos (Pardoe 2015). Joyce intentó entonces editarlo en la "Dublin Printing Company", pero no se lo pudo permitir económicamente y el impresor, una vez completado el encargo, lo destruyó al no recibir el pago correspondiente, que era de un total de diez chelines y seis peniques. Al año siguiente (1905) Joyce lo imprimió en Trieste, ciudad en que residía con su familia, y envió los ejemplares del poema impreso a la mayoría de los protagonistas de sus ataques.[52] A pesar del año transcurrido entre su partida de Dublín en 1904 y la publicación del poema en 1905,

---

52. A saber (en orden alfabético): Richard Best, John Byrne, Vincent Cosgrave, Colum Cousins, Constantine P. Curran, William O'Leary Curtis, John Elwood, Oliver St John Gogarty, Thomas Keohler, G. A. McGinty, George A. Moore, George Roberts, George Russell (Æ), Frederick Ryan, Francis Sheeny-Skeffington, James Sullivan Starkey y J. M. Synge, entre otros. Aunque también criticaba a Yeats, e indirectamente a Lady Gregory y a Annie Horniman, amén de otras mujeres vinculadas al renacimiento celta, a estos no se atrevió a enviarles el poema (Pardoe 2015).

Joyce no se había calmado aún. El veneno de la envidia o la frustración o la decepción o la incomprensión seguía transpirando sus poros.

Para empezar, Joyce se concede a sí mismo en el poema el papel de juez de la obra literaria de los demás y paladín de la que considera es la única visión válida y real de la literatura anglo-irlandesa, la suya, la que se ajusta al modelo aristotélico, del que se siente privilegiado intérprete y transmisor. Es él, precisamente él, que no había publicado prácticamente nada de relevancia en 1904-05, el que se asigna tan alta responsabilidad. Es de imaginar que cuando sus poetas rivales recibieran tan hiriente poema en casa, pues Joyce puso los medios para que así fuera, se carcajearían de él o se ofenderían por tan atrevida invectiva, sobre todo porque procedía de un escritor que, por aquellos días solo toreaba vaquillas, y no miuras como hacían sus supuestos rivales. Mucha teoría la de Joyce, pero poco o nada sobre el papel (Ellmann 1950, 621-22). Yeats, se suele comentar, al parecer dijo de Joyce: "Never have I seen so much pretension with so little to show for it" (627).[53] Lo cual no significa que tanto Yeats como sus seguidores del "Celtic Twilight" no percibieran el potencial que Joyce tenía. En 1902, George Russell le enviaba a Yeats una carta de impresiones confidenciales sobre el joven Joyce en la que, sin embargo, se transluce un cierto tono de mofa:

> I want you to meet a young fellow named Joyce whom I wrote to Lady Gregory about half-jestingly. He is an extremely clever boy who belongs to your clan more than to mine and more still to himself. But he has all the intellectual equipment, culture and education which our other clever friends here lack, and I think writes amazingly well in prose, though I believe he also writes verse and is engaged in writing a comedy which he expects will occupy him five years or thereabouts as he writes slowly. Moore who saw an article of this boy's says it is preposterously clever. Anyhow I

53. Tr. Nunca he visto tanta presunción con tan poco para demostrarla

think you would find this youth of twenty-one with his assurance and self-confidence rather interesting. (Cit. en Ellmann 1950, 622-23).[54]

A pesar de la relativamente favorable disposición del grupo de Yeats y Lady Gregory a aceptar al prometedor joven entre los suyos —y a pesar del mal genio y arrogancia que irradiaba este por dondequiera que iba—, Joyce optó por rechazar de tajo juntarse con ellos, la mayoría vinculados al nuevo movimiento teatral y poético irlandés, pues no se mostraban dispuestos a seguir las pautas en las que él incondicionalmente creía. En el poema declara avergonzarse de que alguien pudiera pensar que él era un miembro más del grupo: "Pero no deseo que me crean integrante / De una compañía con tanto farsante" (l. 23-24), escribía sobre su despego de sus compatriotas. Mediante tan tajante aseveración, Joyce parodia los primeros versos de un conocido poema de Yeats, "Address to Ireland in the Coming Times" (1892), en el que el futuro premio nobel declaraba con encendido patriotismo: "Know that I would accounted be / True brother of a Company / That sang, to sweeten Ireland's wrong" (Yeats 2007, 46).[55] A continuación pasa Joyce a describir en rápidos trazos las peculiaridades de cada uno de los miembros de esta elite cultural de la que él no había logrado o no había querido formar parte. Sus rivales —como tales los veía a todos ellos— son W. B. Yeats, J. M. Syn-

54. Tr. Quiero que conozcas a un joven llamado Joyce sobre el que le escribí a Lady Gregory medio en broma. Es un muchacho extremadamente inteligente que pertenece más a tu clan que al mío y aun más al suyo propio. Pero tiene toda la capacidad intelectual, cultura y formación de la que nuestros otros inteligentes amigos carecen y creo que escribe sorprendentemente bien en prosa, aunque estoy convencido de que también escribe poesía y está enfrascado en escribir una comedia que espera le tendrá ocupado cinco años o así ya que escribe con lentitud. Moore, que vio un artículo de este chico, dice que es absurdamente inteligente. De todas formas, creo que encontrarás a este joven de veintiún años con un convencimiento y una seguridad bastante interesantes.

55. Tr. Sabed que desearía me creyesen / Un verdadero hermano de una Compañía / Que cantaba, para suavizar los errores de Irlanda

ge, Oliver St. John Gogarty, Padraic Colum, George Russell (Æ), William Magee (alias "John Eglinton") y James Sullivan Starkey (más conocido como Seumas O'Sullivan). Según Ellmann (1982, 166), Joyce se cebó en sus contemporáneos burlándose de los rasgos más característicos y vergonzosos de cada uno: Yeats se dejaba dominar por las mujeres; Synge escribía del alcohol, pero era abstemio; Gogarty era un esnob; Colum un camaleón; Roberts un vehemente adulador de Russell; Starkey un cobarde y Russell un perfecto burro místico.

En estos primeros años del nuevo siglo XX Joyce fue perdiendo su inicial simpatía por Yeats. Y es que en 1904 Yeats le había rechazado su propuesta de poner en escena del Teatro Abbey dos obras teatrales del dramaturgo alemán Gerhart Hauptmann (1862-1946, premio nobel en 1912) en traducción inglesa. Yeats se negaba a hacerlo porque no eran obras de un autor irlandés (Gabler 2004). Joyce pasa entonces a criticar la poderosa influencia que en Yeats ejercían los miembros femeninos del grupo, admiradoras todas a prueba de bomba, mas no menos "alocadas damas". Estas eran Lady Gregory; la directora teatral Annie Horniman (1860-1937); la actriz Florence Farr (1860-1917); sus hermanas Susan (1866-1949) y Elizabeth Yeats (1968-1940), así como Evelyn Gleeson (1855-1944), estas tres últimas expertas bordadoras especializadas en motivos célticos; Althea Gyles (1867-1949), poetisa y decoradora de portadas de libros, y la revolucionaria musa y actriz Maud Gonne (1866-1953). En tales términos describe Joyce la simbiosis existente entre Yeats y su corte de féminas intelectuales. Todas ellas, añade, hacen lo posible por consolar a su admirado Yeats durante sus frecuentes depresiones y altibajos anímicos. Joyce no se calla. Él se niega rotundamente a sentarse...

> Junto al que apacigua con facilidad
> De sus alocadas damas toda frivolidad
> Mientras le consuelan cuando incurre en el lloro
> Con célticas orlas labradas en oro. (l. 25-28)

El siguiente en su listado de escritores merecedores de su burla es el dramaturgo Synge, nada bebedor, serio y profundamente implicado en su nueva misión de dramaturgo nacional. Joyce no desea que se le vincule "al que sobrio y formal se le ve todo el día, / Mas en su teatro mete alguna bordería" (l. 29-30). Y tampoco desea que se le asocie con Gogarty, flamante autor de un poema bucólico (dedicado a su propia hermana) titulado "When the Sun Shines",[56] en el que la expresión "parece notarse" resultaba poco afortunada:[57] "O al que en su conducta "parece notarse" / Su preferencia por los hombres de "clase" (l. 31-32). Este hombre "de clase" podría haber sido Arthur Griffith (1872-1922), figura por la que Gogarty profesaba profunda admiración, fundador en 1905 de "Sinn Féin", partido independentista de izquierdas.

Precisamente el año anterior, en 1903, Padraic Colum había recibido una envidiable propuesta del millonario irlando-estadounidense Thomas Hughes Kelly, aspirante a mecenas de la cultura y residente en una mansión cercana a Hazelhatch:[58] dedicarse a escribir sobre Irlanda en los EEUU sin tener que preocuparse de buscarse el pan nuestro de cada día. Joyce, envidioso, manifiesta en "The Holy Office" que no desea verse situado junto al afortunado Colum, es decir,

> Junto al que simula remendados jirones
> En Hazelhatch ante los ricachones
> Mas al llorar tras su ayuno sagrado
> Confiesa todo su pagano pasado. (l. 33-36)

Joyce no quiere ahora cuentas con Colum, a pesar de haber sido quien había tenido al menos la gentileza de sugerirle que hiciera lo posible por ponerse en contacto con Kelly para obtener de él alguna ventaja económica. El desagradecido Joyce parece culpar a Colum de su desafortunado

---

56. El poema finalmente se incluyó en *An Offering of Swans* (Dublin: Cuala Press, 1923).
57. "When the sun shines on Mary's hair / The splendour seems to own / That solid rays of sunlight there / Are blessed with the brown" [tr. Cuando el sol brilla en el cabello de Mary / El esplendor parece notar / Que los sólidos rayos de sol allí / Se bendicen con el marrón
58. Pequeña localidad al sur de Dublín, en el condado de Kildare.

desencuentro con el mecenas. Para ridiculizarle, Joyce trae a colación el "pasado pagano" de Colum, es decir, la que fuera su antigua vida de campesino, condición considerada vergonzosa entre tanto intelectual elitista como había entre los del círculo de Lady Gregory y Yeats.

Joyce deseaba por entonces dedicarse al periodismo como *modus vivendi*. Sus reseñas literarias en los periódicos de Dublín tenían cierta aceptación. La petición de las dos mil libras que hiciera Joyce al mecenas Kelly para la edición de un nuevo periódico semanal independiente de corte más literario que político (sin olvidar empero temas de actualidad como la emancipación de la mujer, el pacifismo, el socialismo, etc.), *The Goblin*, fue finalmente rechazada por el ricachón de Hazelbatch, según Shloss (1978: 325-26), debido a que este había tenido noticia de la excesiva afición a la bebida del aspirante a periodista, entre otras posibles varias razones más. Mientras Joyce escribía "The Holy Office", también escribía el relato de "After the Race", de *Dubliners*. En este, el capitalista Kelly aparece ridiculizado por el vengativo Joyce como personaje de nombre Farley.

Ahora le toca a William Kirkpatrick Magee (1868-1961), alias "John Eglinton", bibliotecario, convencido abstemio, con aspiraciones a filósofo y poeta, pasar por las horcas caudinas de Joyce. Este le dedicó a Magee una quintilla humorística. Hela aquí:

> There once was a Celtic librarian
> Whose essays were voted Spencerian
> His name is Magee
> But it seems that to me
> He's a flavour that's more Presbyterian[59]
> (Cit. en Ellmann 1957, 123)

59. Tr.
Un bibliotecario celta prerromano
Escribía ensayos a lo spenceriano
Su nombre es Magee
Pero me parece a mí
Que se arrimaba más a lo presbiteriano

Y como es habitual, Joyce no desea tampoco que se le sitúe...

Junto al que evita descubrir su cabeza
Frente al crucifijo o ante la cerveza
Salvo para mostrar a los de prenda más llana
Su exquisita cortesía castellana. (l. 37-40)

Este último comentario alude a la supuesta afición del bibliotecario-poeta a la figura del Quijote, pues los valores que transmitía el personaje castellano, decía, eran transferibles a los ideales de la nueva Irlanda (Mercier 1982, 78). Según Joyce, Magee no se quitaba nunca el sombrero, ni siquiera para saludar. Era un maleducado. Y de cortesía castellana, nada de nada. Ironía pura.

Tampoco quería ser visto Joyce junto "Al que por su Maestro muestra su amor" (l. 41), es decir, junto al poeta —más adelante nos lo volveremos a encontrar como polémico editor— George Roberts (1873-1953), que no hacía nada por ocultar su idolatría por Yeats; como tampoco junto "Al que se bebe su pinta con sumo temor" (l. 42), es decir, Seamus O'Sullivan (1879-1958), poeta y editor dublinés, conocido por ser violento y pendenciero cuando estaba borracho (lo cual ocurría con frecuencia). Luego, de temor a la bebida, nada. Si acaso serían los compañeros de barra los que deberían temerle. Tampoco quería Joyce asociarse...

Al que estando tan a gusto acostado
Contempló a Jesucristo descabezado
Y se esforzó en conseguirnos reunidas
De Esquilo todas sus obras perdidas. (l. 43-46)

Es decir, junto a George Russell (Æ) (1867-1935). Joyce recuerda un pasaje de un ensayo de Russell titulado "The Hero in Man" (1897), en el que su autor afirmaba que todas las personas en algún momento de sus vidas experimentaban un episodio contemplativo clave que determinaba un antes y un después. Hasta tal punto es así, seguía diciendo, que tanto ante la cabeza de Jesucristo como ante la cabeza de un criminal, cualquier persona podría beneficiarse de alguna rutilante revelación (1915, 158). De ahí la alusión de Joyce a la visión mística o fantasmagórica de Russell sobre un Jesucristo sin cabeza. La referencia de Joyce a las obras perdidas de Esquilo se debe a la conocida afición de Russell al teatro griego.

Joyce considera que su baza especial para combatir a los equivocados poetas y dramaturgos irlandeses es su conocimiento profundo de la filosofía antigua (Aristóteles), del que no le importa hacer gala:

> Seré yo, que abandoné lo esperpéntico
> Para ajustarme al manual poético,
> Trayendo a las tabernas y los burdeles
> El saber del ingenioso Aristóteles. (l. 3-6)

Joyce se ha otorgado a sí mismo el papel de intérprete y principal valedor de las enseñanzas aristotélicas aplicadas a la literatura. En una ocasión Synge le mostró a Joyce el manuscrito de *Riders to the Sea*. Joyce machacó al dramaturgo alegando que esta obra teatral no era en absoluto una tragedia desde un punto de vista aristotélico (McDonald 2002). Joyce pretendía enseñarles a todos —y no solo a Synge— que el camino correcto en la creación literaria pasaba por el manual poético propuesto por Aristóteles. A continuación, trata de explicar su programa personal, pues no en vano se ha erigido como el transmisor del "ingenioso" —ironía, ironía— Aristóteles. Aristóteles, no lo olvidemos, estaba lejos de ser un filósofo gracioso u ocurrente. Se ha mencionado sin embargo la posibilidad de que el adjetivo "witty" (ingenioso, sabio) que emplea Joyce para describir al pensador griego proceda del sustantivo anglosajón "witan" (sabio), por lo que "witty" podría traducirse como "sabio", "conocedor", "entendido". También pretende hacer uso Joyce de su privilegiado conocimiento de la filosofía medieval (Sto. Tomás de Aquino) para intentar destacar entre sus coetáneos, y todo ello gracias a la educación recibida en los colegios de jesuitas. Joyce ha intentado sin éxito, dice, que sus rivales entiendan el error en que viven sumidos: "Para que los bardos no incurran en error" (l. 7), dice este actuar. Pero Joyce asegura, desde su voluntaria lejanía física y espiritual de sus paisanos, ser odiado por todos ellos:

> Observo pues desde mi puesto distante
> De tan diversa panda su andar vacilante,
> Odian de mi alma su fuerza y su tino,
> Forjada en la escuela del anciano Aquino. (l. 79-82)

Según Joyce, todos le tienen envidia por lo mucho que sabe y por su incuestionable potencial literario, amén de sus conocimientos teóricos sobre filosofía y literatura. El caso es que por entonces pocos eran los que habrían dado un duro por él. Lady Gregory se interesaba por el bienestar de un Joyce que malvivía y sobrevivía como podía, sobre todo pidiendo favores y dinero prestado a todos sus conocidos. Tras varias reuniones entre Synge y Joyce, el primero le escribía una carta a la aristócrata informándole de la personalidad y costumbres de su compatriota en París. Pero, sobre todo, Synge daba su opinión personal sobre las posibilidades de Joyce como poeta:

> He [Joyce] talks of coming back to Dublin in the summer to live there on journalism while he does his serious work at his leisure. I cannot think that he will ever be a poet of importance, but his intellect is extraordinarily keen and if he keeps fairly sane he ought to do excellent essay-writing. (Synge, *Letters* I, 68)[60]

Ya que de obra literaria no podía aún presumir en 1904, Joyce solo lo hace de su hombría gracias a su reciente conquista amorosa, Nora. Este ha logrado convencerla a acompañarle a su auto-infringido exilio. Joyce intenta escandalizar al grupo de asépticos escritores irlandeses capitaneados por Yeats, conocidos por su escaso interés por el sexo y por el rechazo a las frecuentes imágenes escatológicas a las que Joyce en cambio demostraba ser tan aficionado. Joyce presume de que le gustan todas las mujeres:

---

60. Tr. [Joyce] se está planteando volver a Dublín en verano para dedicarse al periodismo mientras hace su trabajo serio a su ritmo. No creo que sea nunca un poeta de importancia, pero su capacidad intelectual es extraordinaria y si se mantiene lo suficientemente centrado debería ser capaz de escribir excelentes artículos.

Cual vicario general me veréis actuar,
Y para toda doncella tímida y nerviosa,
Asumo una similar actitud generosa. (l. 60-62)

Describe sin excesivo pudor sus relaciones sexuales con una joven, que, debemos suponer, es Nora:

El "no me atrevo" de su dulce virtud
Que me responde al proponer laxitud
Cuando citarla en público yo le pido
Parece quedarse siempre en olvido;
De noche conmigo a mi vera acostada
Mis manos subir nota por su bragada
Mi pequeña pues en su leve pijama
Percibe el deseo como una suave llama. (l. 65-72)

Se diría que sus rivales se sienten incómodos con el tema y Joyce parece haberlo percibido así. Al respecto, Joyce concluye reafirmándose en el rechazo que siente hacia ellos: "Y librarse no podrán ellos tampoco / De su ración de asco que por cierto no es poco" (l. 77-78). ¿Está Joyce alardeando de lo varonil que es y burlándose de lo poco que lo son sus paisanos renacentistas del celtismo?

Las provocadoras alusiones escatológicas son harto frecuentes en el poema. Colum (1922) recordaba que las conversaciones de Joyce estaban salpicadas de palabrotas y expresiones malsonantes: "he spoke harshly in conversation, using many of the unprintable words that he has got printed in 'Ulysses'".[61] Y es que Joyce prefiere apostar por la autenticidad del lenguaje de la calle, experto como dice sentirse de la filosofía peripatética, la que se adquiere visitando todo tipo de ambientes, cultos y vulgares, universidades y antros, campo y ciudad, teatro y corte: "Por ello recibid de esta boca que es mía / Sus perlas de peripatética sabiduría" (l. 9-10). El lenguaje literario debe ser más real (así lo demos-

---

61. Tr. hablaba con dureza en la conversación, usando muchas de esas palabras impublicables que él ha publicado en "Ulysses"

trará años más tarde en *Ulysses*) que las acarameladas e idealizadas intervenciones de los personajes de las obras de los poetas y dramaturgos del renacimiento literario irlandés. Joyce desea acercar el lenguaje soez y barriobajero a la literatura. Su modelo a imitar es Ben Jonson, cuya obra dramática y poética Joyce se conoce al dedillo. Lo ha leído todo del isabelino. Y la ética que emana Jonson y que Joyce adopta para sí es la de la combinación de la vulgaridad y la grosería con la vida selecta y cortesana (Bamborough 1961, Anspaugh 1994, Pardoe 2015).

Joyce pretende recoger en su obra literaria (aún prácticamente inexistente) el lenguaje de las tabernas y los burdeles. Los restantes poetas del movimiento, dice, le perciben a él como a una cloaca. No es para menos. Joyce relata abiertamente sus relaciones sexuales; se aplica a sí mismo la labor de laxante, por el cual "por mí toda panza repleta depone" (l. 58). Su función para el bien de los literatos irlandeses es catártica, purgante y purificadora: "a sus tímidos culos privo así del dolor / Pues Catarsis es como llámase mi labor" (l. 55-56) y "en limpiar sus guarradas pongo mi empeño" (l. 50). Muchos críticos y escritores coetáneos a Joyce percibieron su especial querencia por las obscenidades y su obsesión por el funcionamiento cloacal del cuerpo humano (Anspaugh 1994). Para Joyce, la purga o evacuación física que practica es verdadera "catarsis" en el sentido aristotélico. Solo él se basta, con las herramientas de Aristóteles y Tomás de Aquino, para censurar la hipocresía generalizada de sus coetáneos.

Joyce se siente plenamente independiente, por lo que enseña sus astas (sus partes privadas) cuándo y dónde le apetece. A pesar de la soledad en que se ve inmerso, "sin amigos" —expresión idéntica esta a la que usara en su carta a Lady Gregory cuando en 1902 le pidió ayuda económica para estudiar medicina en París—, Joyce no piensa renunciar a sus sólidos principios. Insinúa que todos le tienen envidia por su especial preparación filosófica: "Odian de mi alma su fuerza y su tino, / Forjada en la escuela del anciano Aquino" (l. 80-82). Está convencido de que son los demás los equivocados, los que viven en el fango, atrapados, paralizados por la religión: "Y aunque rezan y se arrastran en la vergüenza" (l. 83), él no; por eso, dice, le demonizan, porque no logran convertirle en un escritor defectuoso como lo son todos ellos. Joyce se defiende de la elite cultural y literaria irlandesa muy probablemente por despecho, al verse inadaptado en un grupo en el que no ha encajado. Por eso, nada quiere con ellos en el futuro:

> Y aunque estos se esfuercen continuamente
> Mi carácter mantendré siempre independiente
> Ni lograrán que al fin mi alma sea suya
> Hasta que el Mahamanvántara concluya:[62] (l. 91-94)

En Ben Jonson parece haberse inspirado Joyce para verse a sí mismo como un Leviatán que ha de luchar contra el feroz Mamón (que son los demás). Y de la última estrofa de la segunda "Ode to Himself" (c.1629), de Jonson, parece Joyce haber tomado la idea con la que finaliza "The Holy Office":

> And since our dainty age
> Cannot endure reproof,
> Make not thyself a page
> To that strumpet the Stage,
> But sing high and aloof,
> Safe from the wolf's black jaw and the dull ass's hoof.[63] (l. 30-36)

---

62. Término esotérico empleado en el hinduismo para referirse a un larguísimo periodo de tiempo, el equivalente en años a la vida de Brahma, es decir, algo más de trescientos once trillones de años, o lo que es lo mismo, veinte mil veces la edad del universo (Blavatsky 1888).

63. Tr.
Y ya que nuestra elegante época
No puede soportar la crítica,
No os convirtáis en paje
De esa meretriz, el Teatro,
Sino cantad fuerte y alto,
Alejado de la negra mandíbula del lobo y de la burda pezuña del asno.

La conclusión a la que llega Joyce es que todos los escritores vincu-lados al renacimiento irlandés lo consideran diferente y por lo tanto no le ven merecedor de participar de pleno derecho del movimiento que protagonizan: "Mas todos de los que yo aquí abundo / Me ven a mí cual cloaca en su mundo" (l. 47-48), concluye desencantado y se autodes-tierra de Irlanda. Poco le quedaba ya por hacer en Dublín: su madre ha fallecido, no tiene trabajo, se siente rechazado por sus iguales, quiere vivir la libertad plena con su deseada Nora y se ha quedado sin amigos en el grupo de intelectuales del Dublín de principios de siglo. Se marcha entonces dando un portazo:

> Y aunque me echen de su puerta para no verme más
> Mi alma les despreciará por siempre jamás. (l. 95-96)

"Gas from a Burner" / "Gas de un quemador"

Ellmann (1982, 320-38), principal biógrafo de Joyce, describe al de-talle los pormenores de la odisea que sufrió el escritor con la editorial dublinesa que al final terminó dejándole en la estacada y que dio pie a la postre a la creación del poema satírico "Gas from a Burner". Joyce lle-vaba un tiempo intentando, sin éxito, publicar *Dubliners*, una colección de relatos sobre personajes y episodios del Dublín de finales del siglo XIX y primeros años del XX. Ninguna editorial se prestaba a hacerlo. To-das percibían que el manuscrito estaba plagado no solo de comentarios virulentos contra personas de carne y hueso que aparecían citadas con nombres y apellidos y contra la monarquía, sino también de obscenida-des e incluso de un marcado sentimiento percibido como anti-irlandés en algunos relatos. En abril de 1909 Joyce probó suerte con una joven editorial dublinesa, Maunsel & Co., que ya había publicado bastantes obras de escritores noveles y veteranos de la Irlanda de la época. Esta inicialmente se aprestó a publicar la obra de Joyce y se firmó el contrato en 1910. Pero la editorial tardaba en arrancar y no terminaba de editar el libro, causando un lógico nerviosismo en el impaciente Joyce. Incluso para 1912 John Falconer ya había imprimido los mil ejemplares de la obra acordados, pero ese era todo el avance logrado hasta el momento.

El quisquilloso editor de Maunsel & Co., George Roberts, había cambiado de opinión. Ya no se mostraba tan seguro de querer publicar el libro de Joyce, pues en sus relatos se hacía referencia a muchas personas fácilmente reconocibles que se podrían molestar y denunciar a la editorial por difamación al verse retratados desde una perspectiva tan negativa. *Dubliners* contenía alusiones abiertamente críticas al rey Eduardo VII (1841-1910) y en algunos de sus relatos había incluso referencias sexuales consideradas inapropiadas. En opinión de Roberts, una pequeña editorial como esta, aún de escasa vida, no podía permitirse dar un paso en falso y ser denunciada. Joyce tampoco aceptaba que se le acusase de inmoral y que esta fuera precisamente una de las razones por las que la editorial no se atreviera a dar el visto bueno a la publicación. Para mortificación de Joyce, otras obras de escritores irlandeses vinculados al Renacimiento Irlandés se habían publicado anteriormente en esa misma editorial a pesar de incluir más alusiones al sexo que *Dubliners*, alegaba este en su defensa. ¿Por qué ahora se ponían tan exigentes con su obra? Tras largas y tensas mas finalmente infructuosas negociaciones que siguieron entre el editor Roberts y Joyce sobre la posibilidad de hacer cambios en la obra y borrar o cambiar algunos o todos los nombres de los dublineses y de los negocios mencionados para evitar futuros problemas (sobre todo en los relatos "Ivy Day in the Committee Room", "An Encounter", "Grace", una parte de "The Boarding House" y quizás también en "The Sisters"), la edición quedó definitivamente anulada. Roberts había venido poniendo continuas trabas a Joyce para no tener que publicarla y finalmente decidió no hacerlo.

Un enfurecido Joyce intentó comprar los mil ejemplares ya impresos por quince libras para publicarlos por su cuenta en una editorial que pretendía él crear para la ocasión, Liffey Press, pero no lo consiguió. El impresor de la editorial, Falconer, recibió la orden de quemar los mil ejemplares de *Dubliners* aún sin encuadernar. Falconer fue el incendiario de facto, el "quemador", pero Roberts fue el instigador de la quema. De tan agotadora experiencia con Joyce, la editorial aprendió una lección para el futuro: no firmaría en lo sucesivo contrato alguno con ningún escritor sin haber mirado con lupa el contenido del manuscrito. Un decepcionado Joyce solo se pudo quedar con las galeradas y con un único ejemplar de la obra. Acompañado de Nora e hijos, decidió regresar a Trieste. En Londres, de camino a su destino italiano, hizo un nuevo intento de publicar *Dubliners* en la revista *English Review* y en la editorial Mills & Boons, mas sin éxito. Joyce no volvería jamás a pisar Irlanda.

Según escribió de su propia mano en la hoja de un ejemplar impreso de "Gas from a Burner" (que hoy se conserva en el Biblioteca Nacional de Irlanda en Dublín, signatura LO 1895 [2]),[64] Joyce comenzó a redactar el satírico poema en la sala de espera de la estación de trenes de Flushing (hoy Vlissingen, Países Bajos) el 12 de septiembre, es decir, durante su viaje de regreso a Trieste con su familia.[65] Ese primer borrador del

<hr>

64. Allí se conserva este ejemplar acompañado de una carta de James F. Spoerri fechada el 23 de enero de 1950. Otros ejemplares se conservan en la Biblioteca Británica (Londres) con la signatura C.39.i.15; en la Universidad de Tulsa y en manos privadas (ejemplar adquirido por 14,340 libras esterlinas en una subasta de Christie's en Londres el 7-8 de abril de 2004 y citado en *A Bibliography of James Joyce, 1882-1941* de Slocum & Cahoun [1953] como A7). Existe asimismo una edición contemporánea (de cien ejemplares) de *Gas from a Burner* (2012), de diez y seis páginas, ilustrada por Jamie Murphy y Mary Plunkett e impresa en septiembre de 2012 para celebrar el centenario de su publicación original en septiembre de 1912.

65. La transcripción de la nota autógrafa de Joyce que aparece escrita en la hoja impresa del poema reza así: "This was written in the railway station waiting room at Flushing, Holland, on the way to Trieste from Dublin after the malicious burning of the 1st edition of *Dubliners* (1000 copies less one in my possession) by the printer Messers John Falconer, Upper Sackville Street, Dublin. ..." <http://www.ricorso.net/rx/library/authors/classic/Joyce_J/Poetry/Gas_Burn.htm#Copies> [Consulta 27/8/2023.] [Tr. Esto se escribió en la sala de espera de la estación de ferrocarril de Flushing, Holanda, en ruta a Trieste desde Dublín tras la malvada quema de la 1ª edición de *Dubliners*

poema se hacía precisamente en el anverso del contrato, ya definitivamente invalidado, el mismo ejemplar que había firmado dos años antes en Maunsel & Co. Pero al llegar a Trieste, lo primero que hizo Joyce fue encargar la impresión de mil ejemplares del poema en una imprenta del lugar.

Joyce envió por correo las alargadas hojas del dolorido poema recién impreso a su hermano Charles para que lo distribuyera gratis por Dublín, introduciéndolo en los buzones del mayor número de dublineses posible. Charles le escribía a su otro hermano Stanislaus (también a la sazón viviendo en Trieste) que su padre había desaprobado la inelegante acción de su hijo escritor. John Joyce puso el grito en el cielo. Obsesionado con ser honorable hasta las últimas consecuencias, acusó a su propio hijo de ser un verdadero rufián y de no haber actuado como un caballero.

Joyce utilizó más tarde las galeradas que conservó de la edición fallida de *Dubliners* en Maunsel & Co. para dar a imprenta la que sería la verdaderamente primera edición de su obra, ahora publicada en Londres, en la editorial Grant Richards. Esta edición de dos mil quinientos ejemplares vio la luz el 15 de enero de 1914. Sin embargo, debido al inicio de la Gran Guerra solo semanas más tarde, la edición no arrancó con buen pie. Joyce se vio forzado a comprar doscientos cincuenta ejemplares de su propio bolsillo para venderlos personalmente en Trieste. A final del fatídico año todavía quedaban exactamente cuatrocientos noventa y nueve ejemplares sin vender, por lo que, tal y como se estipulaba en el contrato, al no llegar a quinientos los libros vendidos, el autor no podía aún recoger los anhelados beneficios.

A través de los noventa y ocho versos (en cuarenta y nueve pareados) de "Gas from a Burner", Joyce intentaba con todas sus fuerzas ridiculizar al editor y/o impresor de Mausel & Co. que se había(n) negado a publi-

(1000 ejemplares menos uno que obra en mi posesión) por el impresor Señores de John Falconer, de la calle Upper Sackville, Dublín. ...]

car su obra. El enfado de Joyce era mayúsculo. Vertía en el poema todo el veneno y sentimiento de frustración del que su pluma e imaginación eran capaces, que no era poco. El poema pretendía ser una venganza personal hacia unos responsables de la editorial que, por su papanatismo, por su estrechez de miras, por un miedo desmesurado a la denuncia y por un equivocado concepto del patriotismo, le habían privado de la posibilidad de publicar *Dubliners* en Dublín.

"Gas from a Burner" / "Gas de un quemador" simula ser una declaración pública de inocencia ante un supuesto juicio (¿acaso por libelo?, ¿por difamación?) de un editor asustado que se obceca en no publicar un libro potencialmente polémico. Este se siente agredido por el autor y se dirige al público congregado para escuchar de sus labios la épica batalla librada por este para defender el honor del pueblo irlandés frente a un malévolo aspirante a escritor (Joyce) que pretende transmitir una imagen distorsionada de Irlanda al mundo entero desde su exilio en el extranjero:

> Señoras y caballeros, aquí nos hemos reunido
> Para oír por qué tierra y cielo se han estremecido
> Por mor de las oscuras y siniestras artes
> De un escritor irlandés en foráneas partes. (l. 1-4)

El poema comienza dando el protagonismo al quisquilloso editor. Este intenta demostrar su buena voluntad al insistir que ha leído una y otra vez el manuscrito que le envió Joyce años atrás:

> Diez años hace me envió este un libro.
> De leerlo cien veces de seguro no me libro,
> Lo empecé por el principio, lo empecé por el final,
> Lo leí con telescopio por uno y otro cristal.
> Hasta su última letra llegué a imprimirlo entero. (l. 5-9)

El amor por Irlanda que pregona el editor está por encima de todo y, aferrándose a tan alto sentimiento de patriotismo, se niega a publicar el controvertido libro de Joyce, que considera no merece ver la luz, al menos no en su editorial. Considera que es demasiado crudo y crítico con la tierra a la que el editor asegura amar tanto:

> Mas por clemencia de Nuestro Señor verdadero
> La oscuridad de mi mente sufrió gran desgarrón
> Y capté de este autor su malvada intención.
> Pero es que yo a Irlanda me siento obligado:
> El honor del país tengo yo a mi cuidado. (l. 10-14)

El personaje del editor se opone a dar publicidad desde su editorial a la imagen distorsionada de Irlanda que pretende difundir tan antipatriótico escritor. Roberts prefiere en cambio que se difunda la visión acaramelada e idealista de una Irlanda rural e inocente. Esta es precisamente la visión de Irlanda que promueven los nacionalistas del renacimiento celta que han venido publicando en Maunsel & Co.:

> ¡Oh, Irlanda mía, primer y único amor
> Donde Cristo y César se profesan mutuo fervor!
> ¡Bella tierra eres donde el trébol crece feliz!
> (Permitan, señoras mías, que me suene la nariz) (l. 25-28)

Joyce está resentido y se siente injustamente maltratado, pues a él se le mide con otro rasero. ¿Por qué los demás sí pueden publicar y él no? ¿No es acaso fiel a la realidad su visión de Irlanda? Joyce reprueba al editor, cuya personalidad e identidad se mezclan en el poema con frecuencia con la del impresor.

Joyce es muy crítico con la Irlanda que le ha tocado vivir. Acusa al país de no estar culturalmente a la altura; y es que, dice, Irlanda siempre termina traicionando a sus creadores de cultura y de propuestas políticas serias enviándoles al exilio o machacándoles sin piedad, como ya había hecho, por ejemplo, con el propio Charles Steward Parnell (1846-91), el político y parlamentario nacionalista en el que tantos irlandeses nacionalistas (inclusive Joyce) habían puesto su confianza. Cuando el idolatrado e idealizado Parnell cometió un error de índole personal (se le descubrió enfrascado en una escandalosa relación adúltera), la Irlanda carpetovetónica lo crucificó. De ello da cuenta Joyce: "Fue el humor irlandés, en seco y en remojo, / El que a Parnell arrojó la cal viva en el ojo" (l. 19-20).[66] Joyce se queja de la desconsideración de Irlanda para con las personalidades de verdadero valor: "Bella tierra es que se mostró siempre lista / Para enviar al destierro al escritor y al artista" (l. 16-17). La vida cultural que se practicaba en su querida mas asquerosa Dublín (expresión al parecer empleada con frecuencia por Lady Gregory), decía, se caracterizaba por el intenso parloteo, por el consumo exacerbado de alcohol y por el mucho ruido y las pocas nueces que se generaba.

Joyce aprovecha su encendido poema para cebarse en los escritores del renacimiento irlandés que promueven esta Irlanda blanda y lacrimosa. Son escritores que él consideraba de menor entidad literaria que él y, sin embargo, contaban, a su juicio inmerecidamente, con todo el apoyo editorial y cultural del país. Joyce lanza envenenados dardos a los líderes espirituales de esta visión pueblerina y rural de Irlanda donde conviven en perfecta armonía el catolicismo (representado por Cristo) y el imperialismo británico (César), tal y como la describe Joyce por boca del editor: "¡Oh, Irlanda mía, primer y único amor / Donde Cristo y César se profesan mutuo fervor!" (l. 25-26).

El peso de la Iglesia Católica en la vida cultural, espiritual y política de Irlanda de finales del XIX y principios del XX es inmenso. La sintonía entre Roma y Dublín es total. Joyce describe así el ambiente cerrado de su ciudad, amarrada por el férreo catolicismo:

> El ingenio irlandés es el que salva del coma
> A la agrietada barcaza del Obispo de Roma

66. Joyce lamentaba la brutal reacción contra Parnell de muchos irlandeses que se habían visto decepcionados de él. Especialmente doloroso para Joyce fue saber que durante la huida de Parnell por todo lo largo y ancho del país, los ciudadanos de Castlecomer (pequeña localidad del condado de Kilkenny) le arrojaron cal viva en los ojos (Ellmann 1959, 320). Joyce admiraba a Parnell. De niño escribió un poema dedicado a él, "Et tu, Healy", que se ha perdido. Stanislaus solo llegaba a recordar algún que otro verso suelto del poema, pero, por desgracia, no era mucho.

Pues es bien sabido que el Papa no eructa
Si a Billy Walsh antes no consulta. (l. 21-24)

Irlanda está controlada por el imperialismo británico, el movimiento renacentista céltico, el buenismo de un mundo rural idealizado hasta el papanatismo, las dictaduras del alcohol y la todopoderosa Iglesia Católica, amén de un nacionalismo de corte romántico. Para Joyce Irlanda está paralizada, anquilosada. Él se considera el único cronista real que puede describir con fidelidad e desinhibición la Irlanda de momento, una Irlanda ajena a los idealismos complacientes de los seguidores de Yeats y Lady Gregory.

La principal diana de las burlas y críticas de Joyce en el poema van dirigidos a los que él considera causantes y responsables principales de su pena, es decir, a George Roberts (1853-1973) y John Falconer, autores de la quema de las galeradas. Aunque Roberts era también actor aficionado de obras estrenadas en el Teatro Abbey e incluso poeta, Joyce es incisivo con él en su labor de editor y por la falta de comprensión demostrada para con su *Dubliners*.

Aparte de apuntar con sus disparos verbales al traicionero Roberts, Joyce dispara también a discreción y sin misericordia a varios intelectuales de la Irlanda de aquel acaramelado amanecer cultural de sabor celta. En "Gas from a Burner" no deja títere sin cabeza. El carácter competitivo del aspirante a poeta que se cree el centro del universo y su aspiración inquebrantable a ser algo en Irlanda le lleva a dar rienda suelta e incontrolada a su entusiasmo por la condición de estrella rutilante. En sus cartas a Nora, Joyce se expresa con naturalidad y seguridad en sí mismo y afirma convencido que es "one of the writers of this generation who are perhaps creating at last a conscience in the soul of this wretched race..." (22 agosto 1912, cit. en Scholes 1965, 255).[67] El editor/ impresor de Maunsel & Co. (a veces es difícil distinguir cuál es cuál)

---

67. Tr. Uno de los escritores de esta generación que estén quizás creando por fin una conciencia en el alma de esta desgraciada raza...

se caracteriza por defender su labor, autoproclamándose como altruista promocionador de la cultura irlandesa gracias a su editorial: "Publiqué a poetas tontos, tristes y de fama" (l. 43). Joyce pone a caldo a los escritores que han publicado en dicha editorial, sin sentirse para nada intranquilo por dar públicamente los nombres de las personalidades a las que critica. Si en el anterior poema, "The Holy Office", Joyce aludía a muchos de ellos, aunque fueran fácilmente reconocibles, no llegaban a aparecer citados por sus nombres propios o apellidos. Ahora, en "Gas from a Burner", sí aparecen plenamente señalados por sus nombres y apellidos y por apodos, postura harto atrevida, solo comprensible para alguien que no muestra respeto hacia sus paisanos y al que le importan poco las posibles represalias que pudieran ejercerse contra él:

— "Borrego el Montañés", en el original "Mountainy Mutton", era el sobrenombre que le puso Joyce a Joseph Campbell (1879-1944), de nombre gaélico Seosamh Mac Cathmhaoil. Campbell era un poeta de Belfast, nacionalista, dramaturgo y autor de letras de canciones líricas populares, conocido por la publicación de la colección de poemas de *The Mountainy Singer* (1909)[68]. Joyce le critica porque logró que el exclusivo Teatro Abbey de Dublín le pusiera en escena su mediocre tragedia *Judgment: A Play in Two Acts* en abril de 1912,[69] obra ambientada en la vida rural de Donegal, publicada por la editorial Maunsel & Co. y caracterizada por su lenguaje malsonante y grosero.[70] En el poema, Joyce pone en boca del editor maldito la siguiente crítica a Campbell:

> Como prueba de que las críticas, a mí bueno y qué,
> A Borrego el Montañés sus poemas publiqué
> Y un drama que escribió (que leísteis no hay quien discuta)
> En que se dice "cabrón", "maricón" y hasta "puta". (l. 29-32)

68.   Dublin: Maunsel & Co., 1909.
69.   Dublin: Maunsel & Co., 1912.
70.   <https://www.dib.ie/biography/campbell-joseph-a1426> [Consulta 28/8/2023.]

— George Augustus Moore (1852-1933), pintor, novelista, poeta y dramaturgo, pertenecía a una familia católica de rancio abolengo y de extensas fincas que terminaría heredando. Decepcionado de la Iglesia Católica en Irlanda, se declaró públicamente protestante. Su obra literaria se basaba en la provocación, en la polémica (sobre todo en asuntos religiosos y sexuales), así como en la crítica abierta al catolicismo y a la Biblia. En 1911 publicó en Maunsel & Co. *The Apostle: A Drama in Three Acts* (1911).[71] El argumento se resume en el encuentro que mantuvieron San Pablo y Jesucristo veinte y cinco años después de la crucifixión. En la obra, Moore pone en duda la palabra de los Evangelios, pues, según él, Jesucristo no habría llegado a morir en la cruz, siendo curado de sus graves heridas por José de Arimatea. Además, aparece el personaje de María Magdalena, veinte y cinco años más vieja, decrépita y gastada, pero que se deleita recreando retrospectivamente sus años de juventud en tono evidentemente erótico. Moore y su obra de teatro quedan burlonamente descritos por Joyce en los versos siguientes:

> Y una pieza teatral sobre la Biblia y San Pablo
> Y unos muslos de mujer que no recuerdo, y no hablo,
> Escrita por el tal Moore, un caballero cabal
> Cuyo diez por ciento en rentas constituye su capital. (l. 33-36)

Joyce critica al editor Roberts por haber publicado la obra de Moore, pues esta, aparte de ser extremadamente difícil de poner en escena y harto soporífera en su lectura, no ha pasado por la censura que la editorial sí aplicó a rajatabla a la propuesta de *Dubliners* de Joyce. Asegura Stevens (2010, 229) que Joyce estaba plenamente convencido de que la mediocre obra fue publicada por Maunsel & Co. porque su autor era un caballero de elevadas rentas y conocida respetabilidad y no por el mérito literario de la misma.

— James H. Cousins (1873-1956) era un irlandés de Belfast de origen hindú. Joyce aprovecha para reírse de él poniendo en boca de Roberts

---

71.   Dublin: Maunsel & Co., 1911.

la afirmación de que dar a prensa sus colecciones de versos místicos en Maunsel & Co. fue todo un verdadero acto de caridad, pues están supuestamente impregnados de especias orientales que darían fácilmente pie a irritaciones íntimas durante las evacuaciones, cruel alusión a la vinculación indostánica del poeta:

Imprimí místicos libros y lo hice por docenas:
A Cousins le imprimí hasta su libro de escenas
Aunque aquellos versos (y con perdón) considero
Que insoportable picor os darían en el trasero. (l. 37-40)

El libro de escenas de Cousins al que se hace referencia burlesca bien podría ser *Etain the Beloved and Other Poems* (1912).[72] Dicho en román paladino: según Joyce, Cousins era un pésimo poeta.

— Lady Gregory (1852-1932) era una viuda, aristócrata por matrimonio, que ejerció de dinámica mecenas de un amplio número de escritores cercanos al nacionalismo irlandés. Desde la extensa finca de Coole Park, hacienda que heredó de su anciano marido, dirigió los pasos de tales poetas y dramaturgos en una Irlanda que aspiraba a la independencia cultural y política de Gran Bretaña. Tuvo una intensa conexión con W. B. Yeats. Junto a Yeats y Edward Martyn, Lady Gregory fundó un teatro nacional irlandés, materializado principalmente en el Teatro Abbey, donde estrenaban los dramaturgos del país que fundamentalmente ella y Yeats querían. Fue la directora del mismo durante muchos años. Allí puso en escena decenas de obras de teatro propias sobre el mundo rural y sobre mitología celta relacionada con Irlanda. Promocionó las carreras literarias de dramaturgos como J. M. Synge, Sean O'Casey y Lennox Robinson. También fue poetisa y traductora. Tras aprender irlandés, tradujo al inglés las historias del folclore milenario del país, que recopiló en *Irish Myths and Legends, or Gods and Fighting Men* (1904).[73] La obra consistía en una amplísima colección de mitos, leyendas y cuentos populares recogidos por

72. Dublin: Maunsel & Co., 1912.
73. London: John Murray, 1904.

ella misma a finales del siglo XIX a partir de la riquísima tradición oral celta de la isla. Con anterioridad a 1912 Lady Gregory publicó en Maunsel & Co. varias obras teatrales propias y otra colección de diez y seis cuentos procedentes del acerbo popular (*The Kiltartan Wonder Book*, 1910).[74] De ahí que el Roberts del poema declare ufano: "Folclore publiqué de uno y de otro lado / Recopilado por Gregory la del Piquito Dorado" (l. 41-42). El apodo que le aplica Joyce a Lady Gregory para mofarse de ella hace referencia a su verbo fácil y posiblemente también a su prolífica obra teatral, traductora y labor de recopilación de la tradición oral irlandesa, así como a sus prótesis dentales de oro.

Joyce mantuvo una relación variable y ambivalente con Lady Gregory. Conocedor de su carácter benefactor para los aspirantes a escritores, el 11 de noviembre de 1902 Joyce le escribía una carta pidiéndole ayuda económica para estudiar medicina en París.[75] En otra ocasión, cuando Joyce partió de Dublín en 1904, Lady Gregory le envió quince libras por iniciativa propia. Esta además redactó cartas de recomendación para él. Pero Joyce no se sintió favorecido por ella en los años sucesivos. Consideraba que sus acólitos formaban una elite impenetrable a su alrededor con sede en Coole Park, su residencia, de la que él no se sentía parte. Redactó entonces una breve quintilla para ridiculizar la generosidad filantrópica mal encauzada de Lady Gregory:

> There was an old lady named Gregory
> Who cried, "Come, all ye poets in beggary."
> She found her imprudence
> When hundreds of students
> Cried, "We're in that noble category."[76]

---

74. Dublin: Maunsel & Co., 1910.

75. Accesible en <artsandculture.google.com/asset/james-joyce-s-letter-to-lady-gregory-1902/wQGRQ-1HoUR5Jw> [Consulta 31/8/2023.]. También en Ellmann (1950, 628).

76. <http://www.ricorso.net> [Consulta 31/8/2023.]
Tr.

— Patrick Colum (1881-1972), es decir, Padraic Colum. Joyce sentía gran envidia por el éxito que gozaba Colum en el Dublín de los primeros años del siglo XX haciendo un teatro protagonizado por campesinos irlandeses muy apreciado por el público. A Colum se le consideraba por aquellos días un genio y se le presentía un gran futuro en las letras irlandesas. Para 1912 ya había publicado cinco obras teatrales estrenadas, un libro de poemas titulado *Wild Earth* (1907)[77] y otros poemas sueltos en revistas. Era un escritor que, a pesar de su juventud, era ya bastante conocido en los ambientes culturales y literarios, sobre todo en los que giraban alrededor de Yeats y el Teatro Abbey de Dublín. Joyce consideraba injusto que se viera a su principal rival literario como a un genio y que a él, por el contrario, no se le valorase como creía merecer (McCourt 2020). Pero es que Joyce aún no había publicado nada de relevancia, exceptuado *Chamber Music* (1907), algunos artículos periodísticos, y poco más.

Colum fue además cofundador en 1911, y luego editor, de la revista literaria *The Irish Review*, que publicó obras de Yeats y de Moore, entre otros escritores del renacimiento celta. Joyce alude a la condición de editor de Colum cuando menciona las facilidades económicas que le dio Roberts para que pudiera este dar a prensa su revista. Alábase a sí mismo Roberts en el poema en los siguientes términos por mor de su cacareada generosidad:

Mi conciencia tengo pura cual chinesca seda fina:
Mi corazón es tan blando como lo es la margarina.
Colm podrá confirmarles que yo me mostré dispuesto
A cien libras rebajarle en el generoso presupuesto
Que un día le ofrecí por su Revista Irlandesa. (l. 69-73)

Anunció la anciana Gregorý:
"Acudid, oh poetas pobres, a mí".
Comprendió su imprudencia
Cuando hicieron presencia
Mil alumnos de tan noble pedigrí.

77. Dublin: Maunsel & Co., 1907.

Joyce pretende ridiculizar a Colum haciendo ver que nadie sabe quién es: "Las obras imprimí de Patrick Colm-se-Llama" (l. 44), cuando en realidad todo el mundo hablaba de él. Colum se marchó de Irlanda en 1914 para intentar abrirse paso en el mundo de las letras al otro lado del Atlántico.

— John Millington Synge (1871-1909), y no "John Milicent Synge" como escribe Joyce, fue un dramaturgo y poeta por el que este sentía envidia debido a su éxito teatral: "Synge is a storm centre: but I have done nothing" (Joyce, *Letters* II, 215),[78] le escribía Joyce a su hermano Stanislaus. Las obras de Synge fueron publicadas por Maunsel & Co. y estrenadas, si no con gran éxito de público, sí con gran revuelo entre el respetable. Pero Synge contaba con el apoyo incondicional de Lady Gregory y de Yeats, pasase lo que pasase. En sus encuentros personales (sobre todo en París), Joyce y Synge pudieron percibir lo opuestos que eran ambos en personalidad y en sus respectivas visiones de la literatura y de Irlanda.

En su referencia a Synge en el poema, Joyce intenta rebajar su peso específico en el panorama literario irlandés. Le califica de "gran" pero cambia a propósito su verdadero apellido Millington por Millicent para dar a entender que no es tan famoso. Es como si Joyce no hubiera queri-do o logrado memorizar el nombre de su compatriota, por muy "grande" que fuera. Debido a su temprano fallecimiento en 1909, Joyce sitúa a Synge en la gloria. Pero añade que hasta allí, hasta el cielo, se había lle-vado la braga ("shift") que causó la revuelta del público en la represen-tación de *The Playboy of the Western World* del Teatro Abbey. Natural-mente, Joyce no desaprovecha la ocasión de pegarle un puyazo más al "gerente de Maunsel", es decir, al editor maldito Richards. Se burla de su pasado como vendedor de ropa interior femenina. Synge, escribe Joyce jocosamente, habría obtenido la braga de la discordia del maletón don-de Richards transportaba el género:

---

78.   Tr. Synge es el epicentro de la tormenta: pero yo no he hecho nada

También le imprimí al gran John Milicent Synge,
El que se eleva a los cielos en alas de serafín
Con su braga de galán que de botín se agenció,
La que guardaba el gerente de Maunsel en su maletón. (l. 45-48)

También dedica Joyce un par de líneas al influyente arzobispo de Dublín, William Walsh (1841-1921), "Billy Walsh", de simpatías nacionalistas y promotor de la lengua irlandesa y de la universidad de Dublín y al que se le atribuye también una gran capacidad de influencia en el catolicismo irlandés. Dice Joyce que hasta el Papa Pío X (1835-1914) lo tenía en cuenta antes de tomar sus decisiones, hipérbole basada en el enorme peso espiritual que ejercía el catolicismo en la turbulenta Irlanda de la época: "Pues es bien sabido que el Papa no eructa / Si a Billy Walsh antes no consulta" (l. 23-24), escribe con ironía Joyce.

Acabado ya el primer asalto de golpes propinados a los supuestos cómplices de Roberts, vuelve Joyce a concentrarse en la figura del demonizado editor. Se centra de nuevo en él para enumerar otra ristra de pecados que viene cometiendo. El hipócrita editor exagera ahora su sentimiento pro-irlandés, empleando incluso una interjección muy dublinesa, "mierda cebollera", tan usada por el pintoresco padre de Joyce. Roberts no permitiría jamás, así lo declara, que Joyce usase nombres de lugares de Dublín de evidentes resonancias británicas en un libro publicado en su editorial. Además, no se atrevería —su elevada conceptuación de Irlanda no se lo permitiría— ni a tocar siquiera con sus manos la considerada "biblia" de la geografía del país, *The Origin and History of Irish Names of Places* (1869),[79] de P(atrick) W(eston) Joyce (1827-1914) —sin parentesco con nuestro Joyce, solo coincidencia—, popular libro escolar de la época conocido habitualmente como *Irish Names of Places*. Según Roberts, resulta harto vergonzoso que a Joyce se le olvidara mencionar en *Dubliners* el nombre del "Hoyo-Curly" ("Curly's Hole"), peli-

79.　Dublin: McGlashan & Gill, 1869.

groso lugar de baño de la playa de Dollymount. Eso es absolutamente imperdonable, añade Roberts:

> ¡Mierda cebollera! ¿No me pesa acaso un montón
> Imprimir el nombre del Monumento a Wellington,
> O el Paseo de Sydney o de Sandymount su tranvía,
> La confitura de Williams y de Downes su pastelería?
> ¡Maldito sea si lo hago, quémenme en la hoguera
> Si de *Topónimos Irlandeses* a hablar me atreviera!
> Me resulta tan extraño, por mi alma os lo juro,
> Olvidarse de Hoyo-Curly se me antoja un perjuro. (l. 55-62)

Roberts jura y perjura que no desea participar de ninguna campaña difamadora de Irlanda, a la que él se atreve a llamar "Madrastra Erín" (i.e. Irlanda): "No, señoras mías, mi editorial no tomará parte / En difundir falsos bulos de Madrastra Erín con vil arte" (l. 63-64). En efecto, Irlanda para Roberts –según Joyce– es "Madrastra" debido a que esta no es en realidad la madre patria de un editor como él que tanto alardea de ser irlandés. Joyce resalta en el poema el hecho de que Roberts sea en realidad un escocés nacido en el Ulster (Ellmann 1950, 337), y no un irlandés de pura cepa. Joyce pretende ridiculizar el hecho de que la conocida condición de escocés de Roberts no le impida ejercer de vociferante defensor del honor de Irlanda como si fuera un verdadero hijo del país. La intención de Joyce es la de presentarlo ante el lector irlandés como un falso e hipócrita patriota. El contable pelirrojo escocés que dice Roberts haber contratado, porque se tiene por un hombre generoso y porque siente lástima de una Escocia políticamente venida a menos —pues "no encuentra Estuardos para vender al vecino" (l. 68)—, es en realidad una laudatoria alusión a sí mismo, pues era él, precisamente él, quien ejercía también de contable de la editorial (Ellmann 1950, 337). Todo lo que dice Roberts suena a falso. Y su insistencia por describirse como hombre benevolente de conciencia recta no puede sino sonar también a hueca.

En otra batería de excusas exculpatorias para justificar su ridículamente inquebrantable y protector patriotismo irlandés, Roberts se lanza a criticar al Joyce antipatriota. Roberts se burla del "tío bellaco" (o sea, Joyce), que, pese a residir en una ciudad austríaca (Trieste lo era oficialmente en 1912), insiste pedantemente en dirigirse en italiano a todo el mundo en Dublín —a sus propios hijos también—, incluso a conocidos periodistas irlandeses nacionalistas de pro como O'Leary Curtis y John Wyse Power, pero, sobre todo, por querer dar al mundo una visión tan negativa de Dublín que nuestro patriótico editor que tanto ama a Irlanda no puede tolerar:

> Mas es mi deseo ignorar a ese tío bellaco
> Que vestido se presentó de color amarillo austriaco,
> Escupiendo a todas horas en italiano el muy cursi
> Al Sr. John Wyse Power y al Sr. O'Leary Curtis
> Y escribiendo de la mugrienta mas muy amada Dublín
> Como ni un africano impresor toleraría un pelín. (l. 49-54)

Las últimas apelaciones de Roberts a su generosa —pero poco creíble— devoción por Irlanda se llevan la palma por ridículas: "Amo tanto a mi país, ¡voto a bríos que no me pesa!" (l. 74), proclama exaltado. Para Roberts, por boca de Joyce, sus verdaderamente patrióticas aportaciones como editor de Maunsel & Co. son las siguientes. Primeramente, sentir pena por los emigrantes irlandeses, para los cuales se ha dignado publicar una guía ferroviaria dificilísima de descifrar:

> Ojalá pudierais ver mis lágrimas rodantes
> Al pensar en los barcos y trenes de emigrantes.
> Por eso publico yo por todo el orbe conocido
> Mi guía ferroviaria que casi nadie ha entendido. (l. 75-78)

Por otro lado, permitir generosamente que las prostitutas de Dublín ejerzan cómodamente su oficio en la puerta de su establecimiento con los soldados británicos como principales clientes:

> En el propio portal de la que es mi editorial
> La desgraciada prostituta intenta ganarse el jornal
> Jugando a la pilla en sus nocturnas sesiones
> Con su artillero británico de ajustados calzones
> Y el visitante de fuera se empapa de locuacidad
> De las aburridas borrachas que hay en nuestra ciudad. (l. 79-83)

El poema concluye con unos versos dedicados a la dolorosa quema de las galeradas de *Dubliners*, tal y como hubiera hecho la Inquisición, el Santo Oficio, en un clásico auto de fe medieval. Como Roberts no acepta la enseñanza de Jesucristo de perdonar al enemigo (o sea, a Joyce), propone quemar el Evangelio, pues este, añade, resulta ser una obra tan irreverente y peligrosa como lo es el libro de Joyce. El editor usa las cenizas del pecaminoso libro quemado para acometer en clave paródica todo un ceremonial escatológico repleto de jaculatorias y citas pseudo-cristianas tales como "No os resistáis al malvado", procedente del "Sermón de la Montaña" (Evangelio de San Mateo, 5, 39), o *memento homo*, versión abreviada de "Memento, homo, quia pulvis es et in pulverem reverteris",[80] oración pronunciada por el sacerdote durante la celebración de la misa cuando vierte ceniza sobre la frente del pecador el Miércoles de Ceniza como símbolo de penitencia. El editor emplea tales expresiones de la liturgia católica mientras se persigna con la mano puesta sobre el trasero, muy *a lo Joyce*, para pedir perdón por el pecado imperdonable cometido, es decir, no publicar *Dubliners*:

> Mientras veo como arde un salmo entonaré
> Y en urna de asa única sus cenizas guardaré.
> Penitencia haré entonces con pedos y gemidos
> Hincándome de rodillas sobre mis huesos dolidos.
> En la próxima cuaresma con elegante donaire
> Mis penitentes cachetes mostraré yo al aire
> Y detrás de la impresora lloriqueando escondido
> Confesaré ese pecado tan horrible que he cometido.
> Mi capataz irlandés de Bannockburn procedente[81]
> Hundirá en la pila su diestra reverente

80. Tr. Recuerda, hombre, que polvo eres y en polvo te convertirás
81. Es decir, se refiere a sí mismo, pues, si bien era irlandés (del Ulster), era de familia escocesa. Bannockburn es una localidad al sur de Stirling, donde tuvo lugar la famosa batalla de Bannockburn (1314). En ella los escoceses, liderados por el rey Roberto I (Robert the Bruce, 1274-1329), vencieron a los ingleses y detuvieron su intento de conquistar Escocia.

Para luego persignarse con devotísima mano
Memento homo sobre mi ano. (l. 87-98)

Esta es la despedida definitiva de Joyce a su "asquerosa mas muy amada Dublín", ciudad que solo visitará ya en su imaginación, porque a ella nunca más volverá.

Obras citadas

ACKERLEY, C., "'Tutto è Sciolto': An Operatic Crux in the 'Sirens' Episode of James Joyce's *Ulysses*", *James Joyce Quarterly*, 2000, 38(1-2), pp. 197-205.

ÁLVAREZ AMORÓS, J. A., "Ciclos creativos en la poesía de James Joyce", *Miscelánea: A Journal of English and American Studies*, 1992, 13, pp. 5-16.

ANDERSON, C. G., "James Joyce's 'Tilly'", *Publications of the Modern Association of America*, 1958, 73, pp. 285-98.

ANSPAUGH, K., "James Joyce and the Excremental Vision(s)", *Mosaic*, 1994, 27, pp. 73-99.

BAMBOROUGH, J. B., "Joyce and Jonson", *Review of English Literature*, 1961, 2(4), pp. 45-51.

BARONILI, H., "The End of my Giacomo Joyce Affair", *Southwest Review*, 2003, 88(2-3), pp. 248-61.

BLAVATSLY, H. P., *The Secret Doctrine, the Synthesis of Science, Religion and Philosophy*, The Theosophical Publishing Company, London, 1888, 2 vols.

BROCKMAN, W. and S. ALONSO, "Exit Carr", *James Joyce Online Notes*, [en línea] (2019), 15, <https://www.jjon.org/joyce-s-environs/player>. [Consulta 23/9/2023.]

CHIDERDOSS, D., *Pomes from the Pink'Un*, Farrington and Company, London, 1897.

COLUM, P., "With James Joyce in Ireland", *The New York Times*, 11 de junio de 1922.

CONNER, M. C. "Bleeding from the 'Torn Bough': Challenging Nature in James Joyce's *Pomes Penyeach*", in *The Poetry of James Joyce Reconsidered*, ed. M. C. Conner, University Press of Florida, Florida, 2012, 187-208.

CRISE, S., "Il Triestino James Joyce", in *Scriti*, ed. de E. Guagnini, Edizione Parnaso, Trieste, 1995, pp. 111-12.

CURCI, R., *Tutto è schiolto: L'amore triestino di Giacomo Joyce*, Lint, Trieste, 1996.

DEL GRECO LOBNER, C., "James Joyce's 'Tilly' and Gabriele D'Annunzio's 'I Pastori d'Abruzzo'", *James Joyce Quarterly*, 1972, 9(3), pp. 383-89.

DOLAN, T. P., *A Dictionary of Hiberno-English*, Gill and Macmillan, Dublin, 1998.

ELLMANN, R., *James Joyce*, Oxford University Press, London, 1982.

— *James Joyce*, Oxford University Press, London, 1959.

— "Joyce and Yeats", *The Kenyon Review*, 1950, 12(4), pp. 618-38.

FAEBER, T. and M. LUCHSINGE, *Joyce in Zürich*, Unionsverlag, Zürich, 1988.

FARGNOLI, A. N. and M. P. GUILLESPIE, *James Joyce A to Z: The Essential Reference to the Life and Work*, Facts on File, New York, 1995.

FISHER, M., "James Joyce's 'Ecce Puer': The Return of the Prodding Gaul", *University of Kansas City Review*, 1959, 25(4), pp. 265-71.

GABLER, H. W., "James Joyce Interpreneur", *Genetic Joyce Studies*, 2004, 4.

GRODEN, M., ed., *The James Joyce Archive. Chamber Music, Pomes Penyeach & Occasional Verse; a Facsimile of Manuscripts, Typescripts & Proofs*, Garland, New York, 1978.

HARDY, T., *The Complete Poems of Thomas Hardy*. Ed. James Gibson, Macmillan, London, 1991.

HEANEY, S. and T. HUGHES, eds., *The Rattle Bag*, Faber & Faber, London, 1982.

HERRING, P., "[Review of] *Joyce in Zürich*, Thomas Faeber & Markus Luchsinge. Zürich: Unionsverlag, 1988", *James Joyce Quarterly*, 1989, 26(4), pp. 621-23.

JAFFARES, A. N. and B. KENNELLY, eds., *Joycechoyce: The Poems in Verse and Prose of James Joyce*, Roberts Rinehart, Schull, West Cork, 1992.

"James Joyce, *Gas From a Burner* (1912)", [en línea] (s. f.) <http://www.ricorso.net/rx/library/authors/classic/Joyce_J/Poetry/Gas_Burn.htm>. [Consulta 27/8/2023.]

JONES, D., ed., *The Poems of Dylan Thomas*, New Directions, New York, 1971.

JOYCE, J., *Gas from a Burner*, [Printed for the author, Trieste], 1912.

— *A Portrait of the Artist as a Young Man*, B. W. Huebsch, New York, 1916.

— "The Dead", in *Dubliners*, Penguin, Harmondsworth, 1980 (1914), pp. 173-223.

— *Pomes Penyeach*, Shakespeare & Co., Paris, 1927.

— *Pomes Penyeach*, Obelisk Press, Paris; Desmond Harmsworth, London, 1932.

— *Araby*, Versione dall'inglese di Amalia Risolo, Casa Editrice Triestina Carlo Moscheni & Company, Trieste, 1935.

— *Letters*, Ed. Richard Ellmann, vol. 3, The Viking Press, New York, 1966.

— *Giacomo Joyce*, Tusquets, Barcelona, 1980 (1970), trad. de Alfredo Matilla.

— *Selected Letters*, Richard Ellmann, ed. Faber & Faber, London, 1975.

— *James Joyce: Occasional, Critical, and Political Writing*, ed. K. Berry, trans. C. Deane, Oxford University Press, Oxford, 2000.

— *Gas from a Burner*, Distillers Press, Dublin, 2012.

LÁZARO, A., "James Joyce's Poetry and the Spanish Holy Office", *Papers on Joyce*, 2001-02, 7/8, pp. 161-75.

LENNARTZ, N., "'The Ache of Modernism': James Joyce's *Pomes Penyeach* and Their Literary Context", *James Joyce Quarterly*, 2010, 47(2), pp. 197-211.

LEVIN, J. B., "'Ruby Pride of the on the Floor Naked': Fetishizing the Circus Girl in Joyce's *Ulysses*", *Joyce Studies Annual*, 2009, 17, pp. 125-58.

LEYVA ALMENDROS, A., *Diccionario del habla granaína,* Almuzara, Madrid, 2012.

MAHAFFEY, V., "Fascism and Silence: The Coded History of Amalia Popper", *James Joyce Quarterly*, 1995, 32(3-4), pp. 501-22.

MARTÍNEZ DE SOUSA, J., "La docena del fraile", *Rinconete*, 1998, 1 de diciembre, https://cvc.cervantes.es/el_rinconete/anteriores/diciembre_98/01121998_03.htm [Consulta 20/8/2023.]

McCOURT, J., "'Patrick What-Do-You-Colm': Reading Joyce with Padraic Colum", in *European Joyce Studies*, 29. James Joyce and the Arts, Emma-Louise Silva, Sam Slote and Dirk Van Hulle, eds., Brill, Leiden, 2020, pp. 199-219.

McDONALD, R., "A Gallous Story or a Dirty Deed? J. M. Synge and the Tragedy of Evasion", in *Tragedy and Irish Literature: Synge, O'Casey, Beckett*, Palgrave Macmillan, London, 2002, pp. 42-84.

MERCIER, V., "John Eglinton as Socrates: A Study of 'Scylla and Charybdis'", in *James Joyce: An International Perspective*, Suheil Bushrui & Bernard Benstock, eds., Colin Smythe, Gerrards Cross, 1982, pp. 65-81.

NATALI, I., "Waking Joyce's *Pomes*", *Papers on Joyce*, 2001-02, 7-8, pp. 81-88.

— "Adrift with Adraft": A Genetic Reading of *Pomes Penyeach*", *Genetic Joyce Studies* [en línea] (2006), 6, <https://www.geneticjoycestudies.org/articles/GJS6/GJS6Natali>. [Consulta 23/8/2023.]

— *"That Submerged Doughdoughty Doubleface": Pomes Penyeach di James Joyce*. Uno studio genetico del 'volto nascosto' di Joyce, Edizioni ETS, Pisa, 2008.

— "'So Faint, So Far': Memory and Experimentation in *Pomes Penyeach*", in *James Joyce and After: Writer and Time*. Eds. Katarzyna Bazarnik and Bożena Kucała, Cambridge Scholars Publishing, Newcastle-upon-Tyne, 2010, pp. 99-113.

NORBUM, R., *A James Joyce Chronology*, Palgrave Macmillan, Basingstoke, Hampshire and New York, 2004.

PARDOE, D. A., "'Cultic Twalettes': Joyce, Jonson and the Performance of Katharsis", *Hypermedia Joyce Studies*, [en línea], (2015), 14. <http://hjs.ff.cuni.cz/archives/v14_1/essays/pascoe.htm>. [Consulta 4/9/2023.]

PARTRIDGE, E., *A Dictionary of Slang and Unconventional English*, Macmillan, New York, 1961.

PETROSKI, H., "What Are Pomes?", *Journal of Modern Literature*, 1974, 3(4), pp. 1021-26.

POWER, M., "The Discovery of *Ruby*", *James Joyce Quarterly*, 1981, 18(2), pp. 115-21.

ROCCO-BERGERA, N., "James Joyce and Trieste", *James Joyce Quarterly*, 1972, 9(3), pp. 342-49.

REPPKE, J. A. "Journalist Joyce: A Portrait", *James Joyce Quarterly*, 2008, 45 (3-4), pp. 459-67.

ROONY, P., "James Joyce in Zürich: Lust and Wanderlust", *Irish Times*, 24 de noviembre de 2015, [en línea] (2015) <https://www.irishtimes.com/culture/books/james-joyce-in-zurich-lust-and-wanderlust-1.2441982>. [Consulta 23/9/2023.]

RUIZ MAS, J., "Carlos Eduardo Zavaleta y la traducción peruana de *Pomes Penyeach*", in *Vigorous Joyce: Atlantic Readings of James Joyce*, Coords. María Teresa Caneda Cabrera, Vanessa Silva Fernández and Martín Urdiales Shaw, Universidade de Vigo, Vigo, 2010, pp. 217-26.

— "Joyce, Galway and the Spanish Armada", *Estudios Irlandeses*, 2023, 18, pp. 94-102.

RUSSELL, G., "The Hero in Man", in *Imaginations and Reveries*, Maunsel & Co., Dublin, 1915 (1897).

SCHOLES, R., *In Search of James Joyce*, University of Illinois Press, Urbana IL, 1992.

— "James Joyce, Irish Poet", *James Joyce Quarterly*, 1965, 2(4), pp. 255-70.

SCOLUM, J. J. and H. CAHOON, *A Bibliography of James Joyce 1882-1941*, Yale University Press, New Haven CT, 1953.

SHAWEROSS, J. T., "'Tilly' and Dante", *James Joyce Quarterly*, 1969, 7(1), pp. 61-64.

SHLOSS, C. "Choice Newseryreels: James Joyce and the *Irish Times*", *James Joyce Quarterly*, 1978, 15(4), 325-38.

STEVENS, J., *The Historical Jesus and the Literary Imagination, 1860-1920*, Liverpool University Press and The English Association, Liverpool, 2010.

SYNGE, J. M., *The Collected Letters of John Millington Synge*, Volume I: 1871-1907, Ed. Ann Saddlemyer, Oxford University Press, Oxford, 1983.

WALL, R., *An Anglo-Irish Dialect Glossary for Joyce's Works*, Syracuse University Press, Syracuse, New York, 1987.

WEEL, A. van der and R. HISGEN, "The Wandering Gentile: Joyce's Emotional Odyssey in *Pomes Penyeach*", in *Joyce in the Hibernian Metropolis: Essays*, Morris Beja and David Norris, eds., Ohio State University Press, Columbus, 1996.

YEATS, W. B., *The Collected Works. Volume I: The Poems*, 2nd ed., Richard J. Finneran, ed. Scribner, New York, 2007.

POMES PENYEACH
A PENIQUE EL POMA

James Joyce

Edición, traducción, introducción y notas
de José Ruiz Mas

TILLY

He travels under a winter sun,
Urging the cattle along a cold red road,
Calling to them, a voice they know,
He drives his beasts above Cabra.

The voice tells them home is warm.
They moo and make brute music with their hoofs.
He drives them with a flowering branch before him,
Smoke pluming their foreheads.

Boor, bond of the herd,
Tonight stretch full by the fire!
I bleed by the black stream!
For my torn bough!

Dublin, 1904

MANDAICO

Bajo sol invernal se desplaza,
Apremiando al ganado por gélida y roja ruta,
Con voz que sus bestias reconocen, las llama,
Y se las lleva hasta más allá de Cabra.

Les habla la voz de lo acogedor del hogar.
Ellas mugen y arman bestial música con las pezuñas.
Él las conduce con florida vara en ristre,
El vaho fluyendo sobre sus frentes.

¡Ay, patán, siervo del rebaño,
Tiéndete esta noche todo entero junto al fuego!
¡Sangro junto al oscuro arroyo!
¡Es por mi rama desgarrada!

Dublín, 1904

WATCHING THE NEEDLEBOATS AT SAN SABBA

I heard their young hearts crying
Loveward above the glancing oar
And heard the prairie grasses sighing:
No more, return no more!

O hearts, O sighing grasses,
Vainly your loveblown bannerets mourn!
No more will the wild wind that passes
Return, no more return.

Trieste, 1912

CONTEMPLANDO LAS PIRAGUAS EN SAN SABBA

A sus jóvenes corazones oí sollozando
Por amor sobre el vigilante remo al remar
Y a las yerbas del prado oí suspirando:
¡Nunca más, nunca más regresar!

¡Ay corazones, ay yerba que suspira,
En vano banderines de amor henchidos llorad!
Nunca más el viento violento que se retira
Habrá de regresar, no regresará jamás.

Trieste, 1912

A FLOWER GIVEN TO MY DAUGHTER

Frail the white rose and frail are
Her hands that gave
Whose soul is sere and paler
Than time's wan wave.

Rosefrail and fair–yet frailest
A wonder wild
In gentle eyes thou veilest,
My blueveined child.

Trieste, 1913

UNA FLOR QUE RECIBIÓ MI HIJA

Frágil es la rosa blanca
Y frágiles las manos que la dieron
A quien con breve alma en palidez desbanca
A las lánguidas ondas que del tiempo fueron.

La más frágil —fina y frágil cual rosa
Maravilla asalvajada
Que ocultas tras tu mirada melosa,
Mi niña sangriazulada.

Trieste, 1913

SHE WEEPS OVER RAHOON

Rain on Rahoon falls softly, softly falling
Where my dark lover lies.
Sad is his voice that calls me, sadly crying,
At grey moonrise.

Love, hear thou
How soft, how sad his voice is ever calling,
Ever unanswered, and the dark rain falling,
Then as now.

Dark too our hearts, O love, shall lie and cold
As his sad heart has lain
Under the moongrey nettles, the black mould
And muttering rain.

Trieste, 1913

LÁGRIMAS DE MUJER SOBRE RAHOON

Cae la lluvia en Rahoon tan suave, cae tan suavemente
Allí donde mi sombrío amante yace.
Llorosa y triste me llama su voz, desconsoladamente,
Cuando gris la luna renace.

Amor mío, escuchad
Cuán suave, cuán triste es su voz siempre clamando,
Nadie le responde, y sombría la lluvia se sigue posando,
Con tenacidad.

Sombríos nuestros corazones también un día yacerán, querido,
Tan fríos como yace su apenado corazón
Bajo las ortigas grises de luna, el moho ennegrecido
Y el lastimero chaparrón.

Trieste, 1913

TUTTO È SCIOLTO

A birdless heaven, seadusk, one lone star
Piercing the west,
As thou, fond heart, love's time, so faint, so far,
Rememberest.

The clear young eyes' soft look, the candid brow,
The fragrant hair,
Falling as through the silence falleth now
Dusk of the air.

Why then, remembering those shy
Sweet lures, repine
When the dear love she yielded with a sigh
Was all but thine?

Trieste, 1914

TUTTO È SCIOLTO

Cielo sin aves, anochecer marino, un solitario lucero
Se clava en poniente,
Tiempo de amar, corazón mío, tal como tú, tan lejano, tan ligero,
Consérvaslo en la mente.

La suave mirada de unos jóvenes ojos limpios, el blando gesto,
El cabello fragrante,
Cayendo como a través del silencio cae presto
El anochecer oreante.

¿Por qué pues, al recordar tan tímidas y dulces
Tentaciones, caes en la aflicción
Si ese tierno amor que te entregó ella en suspirantes voces
Era todo de tu posesión?

Trieste, 1914

ON THE BEACH AT FONTANA

Wind whines and whines the shingle,
The crazy pierstakes groan;
A senile sea numbers each single
Slimesilvered stone.

From whining wind and colder
Grey sea I wrap him warm
And touch his trembling fineboned shoulder
And boyish arm.

Around us fear, descending
Darkness of fear above
And in my heart how deep unending
Ache of love!

Trieste, 1914

EN LA PLAYA DE FONTANA

Se lamentan los cantos y se lamenta el viento,
Alocado todo poste del muelle gimotea;
Un decrépito mar se entretiene en el recuento
De cada piedra que el lodo platea.

Del lamento del viento y del helado
Mar gris lo arropo con cálido abrazo
Y tócole el hombro trémulo de hueso delicado
Y su juvenil brazo.

¡Nos rodea el miedo, la oscuridad
Del miedo desciende del altor
Y en mi corazón la eterna intensidad
Del dolor de amor!

Trieste, 1914

SIMPLES

O bella bionda,
Sei come l'onda!

Of cool sweet dew and radiance mild
The moon a web of silence weaves
In the still garden where a child
Gathers the simple salad leaves.

A moondew stars her hanging hair
And moonlight kisses her young brow
And, gathering, she sings an air:
Fair as the wave is, fair, art thou!

Be mine, I pray, a waxen ear
To shield me from her childish croon
And mine a shielded heart for her
Who gathers simples of the moon.

Trieste, 1915

SIMPLEZAS

O bella bionda,
Sei come l'onda!

De fresco y dulce rocío y leve resplandor
Una red de silencio borda la luna
Donde esperan las simples hojas de verdor
A que una niña en sereno jardín las reúna.

Luce el rocío de luna en su flotante melena
Y besa la luz de luna su tierna frente
Y ella, en la recolecta, entona su cantilena:
¡Si la ola es bella, bella eres igualmente!

Sea el mío, así lo imploro, un tapón céreo
Que me proteja de su pueril canción
Y sea el mío para ella un corazón férreo
Y juntar simplezas de la luna su misión.

Trieste, 1915

FLOOD

Goldbrown upon the sated flood
The rockvine clusters lift and sway;
Vast wings above the lambent waters brood
Of sullen day.

A waste of waters ruthlessly
Sways and uplifts its weedy mane
Where brooding day stares down upon the sea
In dull disdain.

Uplift and sway, O golden vine,
Your clustered fruits to love's full flood,
Lambent and vast and ruthless as is thine
Incertitude!

Trieste, 1915

RIADA

Ramilletes florales suben y se mecen
Flotantes en áureo pardo sobre la saciada riada;
Inmensas las alas que sobre las opacas aguas crecen
En tan sombría jornada.

Un raudal de agua brava
Sube meciendo su melena de algas frondosa
Donde el absorto día sobre el mar su mirada clava
Con apatía desdeñosa.

En riada de amoroso ímpetu,
Sube y mece, oh dorada vid, tus racimudos frutos,
¡Tan opaca, inmensa e implacable es como tu
Incertidumbre!

Trieste, 1915

NIGHTPIECE

Gaunt in gloom,
The pale stars their torches,
Enshrouded, wave.
Ghostfires from heaven's far verges faint illume,
Arches on soaring arches,
Night's sindark nave.

Seraphim,
The lost hosts awaken
To service till
In moonless gloom each lapses muted, dim,
Raised when she has and shaken
Her thurible.

And long and loud,
To night's nave upsoaring,
A starknell tolls
As the bleak incense surges, cloud on cloud,
Voidward from the adoring
Waste of souls.

Trieste, 1915

NOCTURNO

Los lívidos luceros,
Sus hachones ondean, embozados,
Desvaídos en la oscuridad.
Hogueras fantasmales alumbran tenues en celestiales confines postreros,
Arcos sobre más arcos elevados,
La lóbrega bóveda de la nocturnidad.

Los serafines, entregados,
A las extraviadas huestes se aprestan a despertar
Para el culto hasta
Que uno a uno caen en la oscuridad sin luna, mudos, apagados,
Tras acabar ella de alzar y de agitar
Su incensario.

Y ruidosa y larga,
En la nocturnal bóveda ascendente,
Tañe estrellada campana
Mientras, nube sobre nube, el sombrío incienso embarga
El vacío sobre el reverente
Páramo de almas.

Trieste, 1915

ALONE

The moon's greygolden meshes make
All night a veil
The shorelamps in the sleeping lake
Laburnum tendrils trail.

The sly reeds whisper to the night
A name —her name—
And all my soul is a delight,
A swoon of shame.

Zurich, 1916

SOLEDAD

Doradas y grises sirven las mallas de la luna
De gran velo nocturno
Los faros costeros en la soñolienta laguna
Zarcillos labran de laburno.

Un nombre —el de ella— murmulla taimado
El cañaveral a la noche
Y mi espíritu entero desvanécese avergonzado
En gozoso derroche.

Zúrich, 1916

A MEMORY OF THE PLAYERS IN A MIRROR AT MIDNIGHT

They mouth love's language. Gnash
The thirteen teeth
Your lean jaws grin with. Lash
Your itch and quailing, nude greed of the flesh.
Love's breath in you is stale, worded or sung,
As sour as cat's breath,
Harsh of tongue.

This grey that stares
Lies not, stark skin and bone.
Leave greasy lips their kissing. None
Will choose her what you see to mouth upon.
Dire hunger holds his hour.
Pluck forth your heart, saltblood, a fruit of tears.
Pluck and devour!

Zurich, 1917

RECUERDO DE LOS COMEDIANTES EN UN ESPEJO A MEDIANOCHE

Vocalizan el idioma del amor. Rechinan
Los trece dientes
De las magras quijadas con que dibujas una mueca. Fustigan
Tu inquietud y temblor, desnuda voracidad de la carne.
Al hablar o al cantar, rancio tienes el aliento amoroso,
Tan amargo como el aliento gatuno,
De lengua rugoso.

Este gris de fija mirada
No miente, todo piel y huesos.
Dejan los labios grasientos sus besos.
Nadie la elegirá por lo que la ves vocalizar.
Un hambre horrenda espera su hora.
Arráncate el corazón, sangre salada, fruto de lágrimas.
¡Arranca y devora!

Zúrich, 1917

BAHNHOFSTRASSE

The eyes that mock me sign the way
Whereto I pass at eve of day,

Grey way whose violet signals are
The trysting and the twining star.

Ah star of evil! star of pain!
Highhearted youth comes not again

Nor old hearts' wisdom yet to know
The signs that mock me as I go.

Zurich, 1918

BAHNHOFSTRASSE

Los ojos que se burlan de mí muestran la vía
Por donde paso al caer el día,

Señales violetas en el gris sendero
Forman el espiralado y puntual lucero.

¡Ay ruin estrella! ¡Ay estrella dolorosa!
Nunca ha de volver la juventud vigorosa

Tampoco el saber de un corazón provecto
Conoce aún las burlonas señales de mi trayecto.

Zúrich, 1918

A PRAYER

Again!
Come, give, yield all your strength to me!
From far a low word breathes on the breaking brain
Its cruel calm, submission's misery,
Gentling her awe as to a soul predestined.
Cease, silent love! My doom!

Blind me with your dark nearness, O have mercy, beloved enemy of my will!
I dare not withstand the cold touch that I dread.
Draw from me still
My slow life! Bend deeper on me, threatening head,
Proud by my downfall, remembering, pitying
Him who is, him who was!

Again!
Together, folded by the night, they lay on earth. I hear
From far her low word breathe on my breaking brain.
Come! I yield. Bend deeper upon me! I am here.
Subduer, do not leave me! Only joy, only anguish,
Take me, save me, soothe me, O spare me!

Paris, 1924

ORACIÓN

¡De nuevo!
¡Acércate, ríndete y concédeme toda tu fuerza!
Desde la lejanía susurra al dolorido cerebro un leve verbo
Su cruel calma, la sumisa tristeza,
Acariciando su terror cual a un alma predestinada.
¡Detente, sigiloso amor! ¡Es mi final!

¡Ciégame con tu oscura cercanía, oh ten compasión, amada enemiga de mi
voluntad!
No me atrevo a resistir ese frío tacto que me infunde pavor.
¡De mí aparta
Mi lánguida vida! ¡Húndeme más y más, rostro amenazador,
Orgullosa te sientes de mi caída, recordando, apiadándote
Del que es, del que fue!

¡De nuevo!
Juntos, arropados por la noche, se tumbaron en el suelo. Puedo
Oír a lo lejos a mi dolido cerebro susurrarle su leve verbo.
¡Acércate!, que me rindo. ¡Húndeme más y más! Aquí me quedo.
¡Tirana, no me abandones! Sólo alegría, solo inquietud,
¡Tómame, sálvame, alíviame, oh, libérame!

París, 1924

... AND OTHER VERSES
... Y OTROS VERSOS

James Joyce

Traducción de José Ruiz Mas

ECCE PUER

Of the dark past
A child is born;
With joy and grief
My heart is torn.

Calm in his cradle
The living lies.
May love and mercy
Unclose his eyes!

Young life is breathed
On the glass;
The world that was not
Comes to pass.

A child is sleeping:
An old man gone.
O, father forsaken,
Forgive your son!

ECCE PUER

Del oscuro ayer
Un niño ha nacido;
De pena y gozo
Mi corazón está partido.

La criatura en su cuna
Yace apaciblemente.
¡Que el amor y el perdón
Le iluminen la mente!

Joven vida que respira
Sobre el cristal;
El mundo que no fue
Camina a un final.

Un niño durmiendo:
Un anciano se ha ido.
¡A tu hijo perdona,
Oh, padre perdido!

THE HOLY OFFICE

Myself unto myself will give
This name, Katharsis-Purgative.
I, who dishevelled ways forsook
To hold the poets' grammar-book,
Bringing to tavern and to brothel
The mind of witty Aristotle,
Lest bards in the attempt should err
Must here be my interpreter:
Wherefore receive now from my lip
Paripatetic scholarship.
To enter heaven, travel hell,
Be piteous or terrible,
One positively needs the ease
Of plenary indulgences.
For every true-born mysticist
A Dante is, unprejudiced,
Who safe at ingle-nook, by proxy,
Hazards extreme of heterodoxy,
Like him who finds joy at table,
Pondering the uncomfortable.
Ruling one's life by commonsense
How can one fail to be intense?
But I must not accounted be
One of that mumming company
With him who hies him to appease
His giddy dames' frivolities
While they console him when he whinges
With gold-embroidered Celtic fringes
Or him who sober all the day
Mixes a naggin in his play-
Or him whose conduct "seems to own"
His preference for a man of "tone"-
Or him who plays the ragged patch
To millionaires in Hazelhatch
But weeping after holy fast
Confesses all his pagan past-
Or him who will his hat unfix

Neither to malt nor crucifix
But show to all that poor-dressed be
His high Castilian courtesy-
Or him who loves his Master dear-
Or him who drinks his pint in fear-
Or him who once when snug abed
Saw Jesus Christ without his head
And tried so hard to win for us
The long-lost works of Eschylus.
But all these men of whom I speak
Make me the sewer of their clique.
That they may dream their dreamy dreams
I carry off their filthy streams
For I can do those things for them
Through which I lost my diadem,
Those things for which Grandmother Church
Left me severely in the lurch.
Thus I relieve their timid arses,
Perform my office of Katharsis.
My scarlet leaves them white as wool.
Through me they purge a bellyful.
To sister mummers one and all
I act as vicar-general,
And for each maiden, shy and nervous,
I do a similar kind service.
For I detect without surprise
That shadowy beauty in her eyes,
The "dare not" of sweet maidenhood
That answers my corruptive "would"
Whenever publicly we meet
She never seems to think of it;
At night when close in bed she lies
And feels my hands between her thighs
My little love in light attire
Knows the soft flame that is desire.
But Mammon places under ban
The uses of Leviathan
And that high spirit ever wars
On Mammon's countless servitors,

Nor can they ever be exempt
From his taxation of contempt.
So distantly I turn to view
The shamblings of that motley crew,
Those souls that hate the strength that mine has
Steeled in the school of old Aquinas.
Where they have crouched and crawled and prayed
I stand the self-doomed, unafraid,
Unfellowed, friendless and alone,
Indifferent as the herring-bone,
Firm as the mountain-ridges where
I flash my antlers on the air.
Let them continue as is meet
To adequate the balance-sheet
Though they may labour to the grave
My spirit shall they never have
Nor make my soul with theirs as one
Till the Mahamanvantara be done:
And though they spur me from their door
My soul shall spurn them evermore.

EL SANTO OFICIO

Yo a mí mismo me daré de apelativo
El sobrenombre de Catarsis-Purgativo.
Seré yo, que abandoné lo esperpéntico
Para ajustarme al manual poético,
Trayendo a las tabernas y a los burdeles
El saber del ingenioso Aristóteles,
Para que los bardos no incurran en error,
Quien de intérprete nombre a un servidor:
Por ello recibid de esta boca que es mía
Sus perlas de peripatética sabiduría.
Para viajar al infierno o entrar en la gloria,
Ser piadoso o una auténtica escoria,
Sin duda alguna hácense necesarias
Por su consuelo las indulgencias plenarias.
Pues todo místico si es desde que nace
Ajeno a prejuicios, un Dante se hace,
En su guarida a salvo, en posición alejada,
Se expone al riesgo de la heterodoxia extremada,
Como el que a la mesa con placer degusta,
Mientras medita sobre lo que le disgusta.
Si es el buen juicio el que impone su imperio
¿Cómo no he de tomarme las cosas en serio?
Pero no deseo que me crean integrante
De una compañía con tanto farsante;
Junto al que apacigua con facilidad
De sus alocadas damas toda frivolidad
Mientras le consuelan cuando incurre en el lloro
Con célticas orlas labradas en oro;
O al que sobrio y formal se le ve todo el día,
Mas en su teatro mete alguna bordería;
O al que en su conducta "parece notarse"
Su preferencia por los hombres de "clase";
O junto al que simula remendados jirones
En Hazelhatch ante los ricachones
Mas al llorar tras su ayuno sagrado
Confiesa todo su pagano pasado;
O junto al que evita descubrir su cabeza

Frente al crucifijo o ante la cerveza
Salvo para mostrar a los de prenda más llana
Su exquisita cortesía castellana;
O al que por su Maestro muestra su amor;
O al que se bebe la pinta con sumo temor;
O al que estando tan a gusto acostado
Contempló a Jesucristo descabezado
Y se esforzó en conseguirnos reunidas
De Esquilo todas sus obras perdidas.
Mas todos de los que yo aquí abundo
Me ven a mí cual cloaca en su mundo.
Para que sueñen sus sueños de ensueño
En limpiar sus guarradas pongo mi empeño
Pues de eso me ocupo por los demás
Y por ello me quedé sin mis diademas.
Son las cosas por las que la Yayá Iglesia
Me sumió en grave estado de caquexia.
A sus tímidos culos privo así del dolor,
Pues Catarsis es como llámase mi labor.
Mi escarlata blancos lanudos los pone.
Por mí toda panza repleta depone.
Para las teatrales hermanas de este lugar
Cual vicario general me veréis actuar,
Y para toda doncella, tímida y nerviosa,
Asumo una similar actitud generosa.
Pues yo detecto sin ninguna extrañeza
En sus ojos siempre su oculta belleza,
El "no me atrevo" de su dulce virtud
Que me responde al proponer laxitud
Cuando citarla en público yo le pido
Parece quedarse siempre en olvido;
De noche conmigo a mi vera acostada
Mis manos subir nota por su bragada
Mi pequeña pues en su leve pijama
Percibe el deseo como una suave llama.
Mas Mamón insiste en que se prohibirán
Las costumbres y usos del Leviatán
Y ese optimismo siempre da gresca
Al citado Mamón y a su vasta soldadesca,

Y librarse no podrán ellos tampoco
De su ración de asco que por cierto no es poco.
Observo pues desde mi puesto distante
De tan diversa panda su andar vacilante,
Odian de mi alma su fuerza y su tino,
Forjada en la escuela del anciano Aquino.
Y aunque rezan y se arrastran en la vergüenza
Soy yo el maldito, soy yo el sinvergüenza,
Sin amigos, tan solo, mas siempre valiente,
Y cual raspa de arenque, tan indiferente,
Firme y sólido cual rocosa cordillera
Donde mis astas enseño a quien verlas quiera.
Que sigan así ellos, pues es menester
El balance adecuado saber mantener
Y aunque estos se esfuercen continuamente
Mi carácter mantendré siempre independiente
Ni lograrán que al fin mi alma sea suya
Hasta que el Mahamanvántara concluya:
Y aunque me echen de su puerta para no verme más
Mi alma les despreciará por siempre jamás.

GAS FROM A BURNER

Ladies and gents, you are here assembled
To hear why earth and heaven trembled
Because of the black and sinister arts
Of an Irish writer in foreign parts.
He sent me a book ten years ago.
I read it a hundred times or so,
Backwards and forwards, down and up,
Through both ends of a telescope.
I printed it all to the very last word
But by the mercy of the Lord
The darkness of my mind was rent
And I saw the writer's foul intent.
But I owe a duty to Ireland:
I hold her honour in my hand,
This lovely land that always sent
Her writers and artists to banishment
And in a spirit of Irish fun
Betrayed her own leaders, one by one.
'Twas Irish humour, wet and dry,
Flung quicklime into Parnell's eye;
'Tis Irish brains that save from doom
The leaky barge of the Bishop of Rome
For everyone knows the Pope can't belch
Without the consent of Billy Walsh.
O Ireland my first and only love
Where Christ and Caesar are hand and glove!
O lovely land where the shamrock grows!
(Allow me, ladies, to blow my nose)
To show you for strictures I don't care a button
I printed the poems of Mountainy Mutton
And a play he wrote (you've read it I'm sure)
Where they talk of "bastard", "bugger" and "whore"
And a play on the Word and Holy Paul
And some woman's legs that I can't recall
Written by Moore, a genuine gent
That lives on his property's ten per cent:
I printed mystical books in dozens:

I printed the table-book of Cousins
Though (asking your pardon) as for the verse
'Twould give you a heartburn on your arse:
I printed folklore from North and South
By Gregory of the Golden Mouth:
I printed poets, sad, silly and solemn:
I printed Patrick What-do-you-Colm:
I printed the great John Milicent Synge
Who soars above on an angel's wing
In the playboy shift that he pinched as swag,
From Maunsel's manager's travelling-bag.
But I draw the line at that bloody fellow,
That was over here dressed in Austrian yellow,
Spouting Italian by the hour
To O'Leary Curtis and John Wyse Power
And writing of Dublin, dirty and dear,
In a manner no blackamoor printer could bear.
Shite and onions! Do you think I'll print
The name of Wellington Monument,
Sydney Parade and Sandymount tram,
Downes's cakeshop and Williams's jam?
I'm damned if I do —I'm damned to blazes!
Talk about *Irish Names of Places*!
It's a wonder to me, upon my soul,
He forgot to mention Curly's Hole.
No, ladies, my press shall have no share in
So gross a libel on Stepmother Erin.
I pity the poor —that's why I took
A red-headed Scotchman to keep my book.
Poor sister Scotland! Her doom is fell;
She cannot find any more Stuarts to sell.
My conscience is fine as Chinese silk:
My heart is as soft as buttermilk.
Colm can tell you I made a rebate
Of one hundred pounds on the estimate
I gave him for his Irish Review.
I love my country —by herrings I do!
I wish you could see what tears I weep
When I think of the emigrant train and ship.

That's why I publish far and wide
My quite illegible railway guide.
In the porch of my printing institute
The poor and deserving prostitute
Plays every night at catch-as-catch-can
With her tight-breeched British artilleryman
And the foreigner learns the gift of the gab
From the drunken draggletail Dublin drab.
Who was it said: Resist not evil?
I'll burn that book, so help me devil.
I'll sing a psalm as I watch it burn
And the ashes I'll keep in a one-handled urn.
I'll penance do with farts and groans
Kneeling upon my marrowbones.
This very next lent I will unbare
My penitent buttocks to the air
And sobbing behind my printing press
My awful sin I will confess
My Irish foreman from Bannockburn
Shall dip his right hand in the urn
And sign crisscross with reverent thumb
Memento homo upon my bum.

Flushing, September 1912

GAS DE UN QUEMADOR

Señoras y caballeros, aquí nos hemos reunido
Para oír por qué tierra y cielo se han estremecido
Por mor de las oscuras y siniestras artes
De un escritor irlandés en foráneas partes.
Diez años hace me envió este un libro.
De leerlo cien veces de seguro no me libro,
Lo empecé por el principio, lo empecé por el final,
Lo leí con telescopio por uno y otro cristal.
Hasta su última letra llegué a imprimirlo entero
Mas por clemencia de Nuestro Señor verdadero
La oscuridad de mi mente sufrió gran desgarrón
Y capté de este autor su malvada intención.
Pues yo a mi Irlanda me siento obligado:
El honor del país tengo yo a mi cuidado,
Bella tierra es que se mostró siempre lista
Para enviar al destierro al escritor y al artista
Y con espíritu irlandés a la broma tan dado
A todos sus líderes, uno a uno ha traicionado.
Fue el humor irlandés, en seco y en remojo,
El que a Parnell arrojó la cal viva en el ojo;
El ingenio irlandés es el que salva del coma
A la agrietada barcaza del Obispo de Roma
Pues es bien sabido que el Papa no eructa
Si a Billy Walsh antes no consulta.
¡Oh, Irlanda mía, primer y único amor
Donde Cristo y César se profesan mutuo fervor!
¡Bella tierra eres donde el trébol crece feliz!
(Permitan, señoras mías, que me suene la nariz)
Como prueba de que las críticas, a mí bueno y qué,
A Borrego el Montañés sus poemas publiqué
Y un drama que escribió (que leísteis no hay quien discuta)
En que se dice "cabrón", "maricón" y hasta "puta"
Y una pieza teatral sobre la Biblia y San Pablo
Y unos muslos de mujer que no recuerdo, y no hablo,
Escrita por el tal Moore, un caballero cabal
Cuyo diez por ciento en rentas constituye su capital.
Imprimí místicos libros y lo hice por docenas:

A Cousins le imprimí hasta su libro de escenas
Aunque aquellos versos (y con perdón) considero
Que insoportable picor os darían en el trasero:
Folclore publiqué de uno y de otro lado
Recopilado por Gregory la del Piquito Dorado:
Publiqué a poetas tontos, tristes y de fama:
Las obras imprimí de Patrick Colm-se-Llama:
También le imprimí al gran John Milicent Synge,
El que se eleva a los cielos en alas de serafín
Con su braga de galán que de botín se agenció,
La que guardaba el gerente de Maunsel en su maletón.
Mas es mi deseo ignorar a ese tío bellaco
Que vestido se presentó de color amarillo austriaco,
Escupiendo a todas horas en italiano el muy cursi
Al Sr. John Wyse Power y al Sr. O'Leary Curtis
Y escribiendo de la mugrienta mas muy amada Dublín
Como ni un africano impresor toleraría un pelín.
¡Mierda cebollera! ¿No me pesa acaso un montón
Imprimir el nombre del Monumento a Wellington,
O el Paseo de Sydney o de Sandymount su tranvía,
La confitura de Williams y de Downes su pastelería?
¡Maldito sea si lo hago, quémenme en la hoguera
Si de *Topónimos Irlandeses* a hablar me atreviera!
Me resulta tan extraño, por mi alma os lo juro,
Olvidarse de Hoyo-Curly se me antoja un perjuro.
No, señoras mías, mi editorial no tomará parte
En difundir falsos bulos de Madrastra Erín con vil arte.
Compadezco a los pobres, por eso creí viable
Contratar a un escocés pelirrojo de contable.
¡Pobre hermana Escocia, la de triste y cruel sino!,
Pues ya no encuentra Estuardos que vender al vecino.
Mi conciencia tengo pura cual chinesca seda fina:
Mi corazón es tan blando como lo es la margarina.
Colm podrá confirmarles que yo me mostré dispuesto
A cien libras rebajarle en el generoso presupuesto
Que un día le ofrecí por su Revista Irlandesa.
Amo tanto a mi país, ¡voto a bríos que no me pesa!
Ojalá pudierais ver mis lágrimas rodantes
Al pensar en los barcos y trenes de emigrantes.

Por eso publico yo por todo el orbe conocido
Mi guía ferroviaria que casi nadie ha entendido.
En el propio portal de la que es mi editorial
La desgraciada prostituta intenta ganarse el jornal
Jugando a la pilla en sus nocturnas sesiones
Con su artillero británico de ajustados calzones
Y el visitante de fuera se empapa de locuacidad
De las aburridas borrachas que hay en nuestra ciudad.
¿Quién fue el que dijo: no os resistáis al malvado?
Por Belcebú que veréis tal libro por mí quemado.
Mientras veo como arde un salmo entonaré
Y en urna de asa única sus cenizas guardaré.
Penitencia haré entonces con pedos y gemidos
Hincándome de rodillas sobre mis huesos dolidos.
En la próxima cuaresma con elegante donaire
Mis penitentes cachetes mostraré yo al aire
Y detrás de la impresora lloriqueando escondido
Confesaré ese pecado tan horrible que he cometido.
Mi capataz irlandés de Bannockburn procedente
Hundirá en la pila su diestra reverente
Para luego persignarse con devotísima mano
Memento homo sobre mi ano.

Flushing, septiembre de 1912